deixe a
vida te
consolar

Christophe André

deixe a vida te consolar

lições de um terapeuta para enfrentar as adversidades

TRADUÇÃO
Julia da Rosa Simões

VESTÍGIO

Copyright © 2022 Éditions de l'Iconoclaste

Título original: *Consolations: Celles que l'on reçoit et celles que l'on donne*

Esta edição é publicada mediante acordo com Éditions de l'Iconoclaste em conjunto com seus agentes devidamente constituídos Books And More Agency #BAM, Paris, França, e Villas-Boas & Moss Agência e Consultoria Literária, Rio de Janeiro, Brasil.

Todos os direitos reservados pela Editora Vestígio. Nenhuma parte desta publicação poderá ser reproduzida, seja por meios mecânicos, eletrônicos, seja via cópia xerográfica, sem a autorização prévia da Editora.

DIREÇÃO EDITORIAL
Arnaud Vin

CAPA E PROJETO GRÁFICO
Diogo Droschi

EDIÇÃO E PREPARAÇÃO DE TEXTO
Bia Nunes de Sousa

DIAGRAMAÇÃO
Christiane Morais de Oliveira
Guilherme Fagundes

REVISÃO
Aline Sobreira de Oliveira
Alex Gruba

Dados Internacionais de Catalogação na Publicação (CIP)
Câmara Brasileira do Livro, SP, Brasil

André, Christophe
  Deixe a vida te consolar : lições de um terapeuta para enfrentar as adversidades / Christophe André ; tradução Julia da Rosa Simões. -- São Paulo, SP : Vestígio, 2022.

  Título original: Consolations: Celles que l'on reçoit et celles que l'on donne.
  ISBN 978-65-86551-81-5

  1. Adversidade 2. Autoconhecimento 3. Desenvolvimento pessoal 4. Empatia 5. Saúde mental I. Simões, Julia da Rosa. II. Título.

22-115036 CDD-158.1

Índices para catálogo sistemático:
1. Adversidades : Psicologia aplicada 158.1
Eliete Marques da Silva - Bibliotecária - CRB-8/9380

A **VESTÍGIO** É UMA EDITORA DO **GRUPO AUTÊNTICA**

São Paulo
Av. Paulista, 2.073 . Conjunto Nacional
Horsa I . Sala 309 . Cerqueira César
01311-940 . São Paulo . SP
Tel.: (55 11) 3034 4468

Belo Horizonte
Rua Carlos Turner, 420
Silveira . 31140-520
Belo Horizonte . MG
Tel.: (55 31) 3465 4500

www.editoravestigio.com.br
SAC: atendimentoleitor@grupoautentica.com.br

Para Édith.

"A cinza só consegue me provar a existência da chama."
Victor Hugo, "Les enterrements civils".[1]

Uma imensa necessidade de consolação 11

CONSOLAÇÕES 17
   O que é a consolação 19
   A beleza da consolação 22

DESOLAÇÕES 29
   As três inevitabilidades da condição humana 31
   Desolações do luto 37
   Violência e loucura do mundo 41
   O que é ruim sempre pode piorar 43
   Adversidades comuns 45
   Tristezas sem razão 50
   A continuidade de nossas desolações 52
   Os mecanismos de nossas desolações 54
   Perigos das desolações e riscos da inconsolação 57
   Nossa necessidade de consolação 59

O QUE NOS CONSOLA:
A CRIAÇÃO DE VÍNCULOS 63
   O vínculo com o mundo: a vida que recomeça 65
   O vínculo com os outros: consoladoras e consoladores 74
   O vínculo interno: consolar a si mesmo 84

CONSOLAR O OUTRO 95
   Como consolar? 97
   Tentativas de consolação 106
   Falta de jeito e regras simples 111
   O dom da consolação 116

RECEBER E ACEITAR A CONSOLAÇÃO 125
    Receber a consolação 127
    Os inconsoláveis 135
    Consolar é amar. E aceitar ser consolado
    é aceitar ser amado 139
    Aceitar a consolação: uma atitude existencial 142

OS CAMINHOS DA CONSOLAÇÃO 147
    A natureza, grande consoladora 149
    Ações e distrações 156
    A arte da consolação 161
    Meditação, consolação do momento presente 175
    Acreditar no destino e entregar-se a ele? 182
    As perigosas consolações da busca de sentido 185
    A fé que consola 192
    A presença dos anjos: ilusões e consolações 200

**LEGADOS DA DESOLAÇÃO
E DA CONSOLAÇÃO** 205
    A desolação pode nos tornar mais fortes? 208
    Três legados (possíveis) de nossas desolações 212
    Três legados (possíveis) de nossas consolações 225
    Nada acaba para sempre 232

Bibliografia comentada 235
Agradecimentos 241
Notas 243

Uma imensa necessidade de consolação

Por muito tempo estive cego à consolação. Como psiquiatra, contentava-me em tratar; como escritor, em explicar e encorajar; como ser humano, em reconfortar.

Um dia, fiquei doente, gravemente doente, e pensei que minha existência talvez fosse acabar mais rapidamente do que havia previsto. Não fiquei ansioso, mas triste por ter de deixar a vida antes de me cansar dela. A tristeza não me fechou em mim mesmo, ela me fez olhar para o mundo com mais atenção. Como todas as pessoas ameaçadas pela morte, percebi a beleza da vida. E como muitas delas, descobri em mim mesmo uma necessidade enorme de consolação: em minha grande fragilidade de corpo e mente, o mais tímido sorriso, o mais suave canto de pássaro, o mínimo gesto de bondade ou beleza me causavam um bem infinito.

Quando voltei para casa depois da hospitalização, coloquei meus papéis em ordem (nunca se sabe...). E, ao selecionar velhos livros de psiquiatria para doação, deparei-me com um pequeno marcador de páginas com a dedicatória de um antigo paciente de Toulouse, um homem atormentado, toxicômano, bipolar, de quem eu gostava bastante. Tinha sido muito difícil tratá-lo e estabilizá-lo, mas ele não aceitava se consultar com mais ninguém e quase sempre voltava para os atendimentos, mesmo quando estava em péssimo estado. Às vezes ele desaparecia por um tempo, quando ficava com vergonha demais de si mesmo para me ver.

No marcador de páginas, encontrei as seguintes palavras: "Caro doutor André, obrigado pela paciência comigo e pela grande confiança que o senhor me inspira quando estamos juntos. Philippe". Philippe[*] acabou se suicidando algum tempo depois de me mudar de Toulouse; fiquei sabendo através de seu companheiro.

Naquele momento, repassando nossas sessões de terapia, pensei que não conseguira curá-lo (é verdade que ele não ajudava muito), mas que quase sempre conseguira consolá-lo. Sem saber.

---

[*] Todos os nomes próprios citados neste livro foram modificados.

Quando era difícil curar meus pacientes, acontecia de me perguntar por que eles ainda voltavam, fielmente, e por que, apesar de tudo, pareciam felizes com nossos encontros. Eu me dizia que, no lugar deles, provavelmente teria procurado outro médico. Na época, estava cego para a consolação, convencido de que um bom médico só podia se satisfazer com a cura. Ainda não tinha entendido que, junto com a ciência e a boa vontade, podia oferecer outras coisas para ajudar e consolar meus pacientes: delicadeza, fraternidade, sinceridade, espiritualidade. Talvez oferecesse um pouco dessas coisas, ao menos em parte, mas sem saber. Focado no bem que não conseguia proporcionar (curar), não reconhecia aquele que conseguia fazer (consolar).

No fim, apesar da doença, continuo aqui. A morte me pegou em suas mãos, depois me devolveu à vida. Como explicar o fato de não ter ficado traumatizado e ansioso com esse episódio, mas em paz e ainda mais feliz por viver?

Talvez com minha descoberta da consolação, que, muito mais que um reconforto passageiro, é uma maneira de viver com as tempestades, uma declaração de afeto, uma canção bonita que reconecta com o mundo, o mundo inteiro, com suas belezas e adversidades.

Como um fio condutor, a consolação acompanha nossa vida, do nascimento à morte. Estamos sempre a seu lado e precisando dela: abertamente, quando somos crianças; secretamente, quando nos tornamos adultos.

Consolação é tudo que esperamos, ou que oferecemos, quando a realidade não pode ser reparada. É o que nos levanta e nos afasta por um instante de nossos desesperos e de nossas resignações, e que nos devolve suavemente o gosto pela vida.

Que este possa ser não apenas um livro sobre a consolação, mas também um livro consolador.

Não sei se poderei consolá-la

Bom dia, Marie,

Sinto muito por ter de conhecê-la em condições tão dolorosas. Obrigado pela confiança que deposita em mim ao compartilhar seu sofrimento.

Não sei se poderei consolá-la.

É muito difícil consolar: não podemos reparar nada, mudar nada do que faz o outro sofrer, sabemos que nossas palavras só podem proporcionar um conforto passageiro, ou mesmo nenhum conforto, e às vezes ainda mais sofrimento; porque elas são inábeis, impotentes, porque elas chegam na hora errada.
Mas não podemos nos contentar com isso, em dizer que não há nada a dizer para aliviar o sofrimento de uma mãe que perdeu a filha. Então vou lhe contar, humildemente, o que eu tentaria fazer se fosse atingido pela mesma dor terrível que a senhora.
Quando somos engolidos pelo sofrimento, submergidos pelos redemoinhos de tudo o que esse sofrimento (ressentimento, desespero, culpa, medo, inveja, raiva...) carrega consigo, acredito que possamos tentar seguir duas grandes direções.
Primeiramente, da melhor maneira possível, manter nosso vínculo com o mundo, não nos fechando em nós mesmos, não nos retraindo em nossa dor e em nossa

infelicidade. Ainda que esse vínculo nos faça sofrer, porque só conseguimos ver a ausência da pessoa amada, é ele que aos poucos nos ajuda a reviver, suavemente.

Depois, dar-nos o direito, justamente, de reviver. Onde quer que Lucie esteja, ela ainda a ama e sempre a apoiará. Ela lhe devolverá o gosto de voltar à vida, de olhar para o Sol e para o céu, para as flores que se abrem e para as crianças que riem, sorrindo apesar de tudo. Apesar da tristeza. Da tristeza que nunca a abandonará. Mas que aos poucos será mais doce e que um dia lhe trará paz. Ela lhe permitirá pensar em todas as alegrias que viveu com Lucie, sem que isso a faça chorar ou suspirar, apenas sorrir ligeiramente: a senhora pode de fato se sentir feliz por ter tido uma filha como ela, capaz de palavras tão belas, de tanta generosidade, a senhora pode se sentir feliz por todas as alegrias vividas ao lado dela, feliz que ela tenha amado a vida com tanta força.

É muito importante nunca se esquecer dessas alegrias; também é importante nunca espantar a tristeza e o sofrimento que às vezes virão obscurecê-las, como as nuvens que ocultam o Sol. Deixe suas emoções se manifestarem, mas nunca se esqueça de pensar, regularmente, em todas as alegrias que Lucie lhe proporcionou, mantenha-as vivas em sua alma. Abra os olhos também para os pequenos fragmentos de felicidade que aos poucos voltarão a seus dias, sem que no início a senhora perceba, como flores na beira desse caminho hoje tão difícil e doloroso. Não dê ouvidos às pessoas que lhe pedirem para "fazer seu luto" (não lhes queira mal, tampouco): a senhora percorrerá esse caminho em seu próprio ritmo, ninguém pode forçá-la a ir mais rapidamente, e ninguém pode avançar em seu lugar. Leve o tempo que precisar, mas olhe para a frente, olhe para o céu e para as estrelas, o máximo possível. Não é uma metáfora:

olhe de fato, com frequência, respirando, pensando em Lucie, sorrindo para ela.

O lema de sua filha, que a senhora citou na carta para mim – "A felicidade consiste em tornar os outros felizes" –, é maravilhoso em sua simplicidade, generosidade e inteligência. Sua filha era maravilhosa. Sua filha é maravilhosa. Mantenha-a viva em seu coração, continue a falar com ela, a compartilhar com ela todas as belas coisas que cruzarem seu caminho.

Cuide-se bem, meus pensamentos estão com a senhora. Um abraço fraterno,

Christophe André

Carta a uma mãe que perdeu a filha, assassinada pelos terroristas do Bataclan, em 2015, e que me escreveu na época em que eu trabalhava no hospital Sainte-Anne, em Paris.

CONSOLAÇÕES

O que é a consolação?

Consolar é tentar aliviar um sofrimento.

Cada palavra importa:

- *tentamos* (não podemos ter certeza do resultado),
- *aliviar* (não podemos *apagar* o que faz sofrer),
- um *sofrimento* (termo que designa todas as adversidades com impacto emocional).

A consolação é ao mesmo tempo aquilo que consola – o afeto de nossos familiares, a ação que nos surpreende e a vida que nos distrai, quando a adversidade é menor – e o caminho, o processo que nos faz passar do sofrimento à lembrança do sofrimento, da dor aguda à dor surda, da desorientação à compreensão, da solidão ao vínculo, da ferida à cicatriz.

De maneira um pouco mais minuciosa, poderíamos dizer que a consolação é:

- tudo o que oferecemos (palavras e gestos),
- a uma pessoa que vive um sofrimento, uma adversidade, uma tristeza, uma mágoa,
- para que ela se sinta bem, para aliviá-la (agora),
- e para ajudá-la a continuar a viver (no longo prazo).

***

Qual a diferença entre reconforto e consolação? Reconfortar é aliviar no momento presente, e já é algo maravilhoso e precioso. Mas o objetivo da consolação costuma ser mais abrangente, mais elevado, mais distante no tempo. A consolação tem algo mais amplo que o reconforto, parcial e limitado.

O reconforto também visa, como seu nome indica, tornar mais "forte", fazer a pessoa em sofrimento voltar à ação e à sociedade, ao passo que a consolação visa menos à eficácia e mais às feridas da natureza humana. Nesse sentido, o reconforto pode ser entendido como uma consequência – preciosa – da consolação. Ou como uma consolação voltada para a ação, mais do que para a emoção.

A consolação não é uma busca de soluções. Ela não tem a pretensão de modificar a realidade (como uma "solução" faria), mas de aliviar a sensação de sofrimento. Ser consolado não significa ser ajudado, no sentido estrito, por um auxílio que mude a situação e nos permita modificá-la. A consolação não foca na adversidade que entristece, mas na pessoa triste: ela é um auxílio interno, não externo. Quando conseguimos agir, a consolação passa a ter um papel secundário (mas ainda assim um papel). Quando uma pessoa cai, eu a ajudo a se levantar (solução) em vez de me contentar em consolá-la enquanto ela continua no chão. Mas, depois de levantá-la, também posso verificar se ela precisa ser consolada (de seu medo, de sua humilhação, de sua dor...).

▌ VOVÔ CAIU

Lembro-me da primeira queda de meu avô na minha frente. Eu devia ter 20 anos, já era estudante de Medicina. Ele tropeçou num improvável canto de calçada e caiu. Corri em sua direção para verificar se não tinha quebrado nada, mas ele já estava se levantando, com simples arranhões. Eu temia um machucado físico, mas logo entendi que a dor era psíquica: cair na rua, como um velhinho, na frente de todo mundo e, acima de tudo, na

> frente do neto que o admirava. Então, da melhor maneira que pude, e intuitivamente, tentei consolá-lo desviando sua atenção de sua fraqueza e de sua fragilidade e levando-a para mim ("Ai, ai, ai, vovô, como você me assustou!"), para a calçada ("Que irresponsabilidade deixarem buracos desse tamanho, um monte de gente vai cair nesse lugar"), para seus sapatos ("Você devia usar calçados esportivos, eles firmam melhor o pé"). Consolá-lo, naquele momento, era fazê-lo se esquecer de sua fraqueza, e não lembrá-lo de que ele era uma pessoa idosa e frágil.

A consolação é uma alquimia, de processos às vezes misteriosos e resultados às vezes incertos, mas nos caminhos consoladores que seguiremos quase sempre veremos, em graus variados, quatro dimensões, quatro indispensáveis letras A:

- *Afeto*: mesmo quando não formulada de maneira direta, toda consolação é uma expressão de afeto pela pessoa em sofrimento.
- *Atenção*: o que nos consola desvia nossa atenção da dor; mesmo transitório, mesmo superficial, mesmo trivial, esse efeito é benéfico, pois qualquer suspensão do sofrimento faz bem àquele que sofre e lhe permite recuperar o fôlego.
- *Ação*: mais do que palavras e conselhos, o convite à ação e, melhor ainda, à ação comum e compartilhada é que permite às pessoas em sofrimento voltarem ao movimento da vida.
- *Aceitação*: aceitar uma adversidade não significa se alegrar com ela ou se submeter a ela, mas reconhecer que ela aconteceu. A aceitação representa uma etapa indispensável de todo processo de reconstrução; no entanto, é mais uma consequência e um benefício da consolação do que uma exortação a demonstrá-la abertamente. É um objetivo no horizonte, para o qual as pessoas que consolam visam levar suavemente as pessoas a serem consoladas.

A beleza da consolação

Há palavras mais fortes que outras pelo que despertam em nós, palavras que cantam e que prometem, palavras musicais que ativam um conjunto de imagens e recordações. É o que faz a consolação: ela evoca a infância e as pequenas mágoas, mas também a morte e o luto, todas as dores humanas – e todas as mãos estendidas, todos os afagos, todos os gestos de afeto e compreensão.

A consolação é frágil e incerta

Consolar é saber (e aceitar) que nossas palavras só podem aliviar o sofrimento de maneira imperfeita; mas também é desejar que o sofrimento não seja vivido solitariamente. A consolação é um ato de presença amorosa, ainda que às vezes impotente.

Quando consolamos, não sabemos como a situação se desenrolará. Às vezes, a incerteza pode ser ainda maior e mais bonita: podemos consolar mesmo quando nós mesmos estamos sofrendo. Como nas narrativas de prisioneiros e deportados que consolam uns aos outros; ou como todo ser humano que passa por uma adversidade e tenta apaziguar a dor do próximo. Consolar quando estamos numa situação enevoada e temendo por nós mesmos é sem dúvida a mais comovedora forma de consolação: de um desventurado a outro desventurado, de um ameaçado a outro ameaçado, de um desesperado a outro desesperado.

A consolação não parece resolver nada

E isso não é um problema: a consolação não é um auxílio material, não exige força ou poder, podemos oferecê-la mesmo quando somos – ou quando nos sentimos – fracos e vulneráveis. Pois, para além de sua dimensão concreta (palavras e gestos), ela também é, acima de tudo, um esforço imaterial: uma presença, uma intenção, uma humanidade compartilhada.

"Na ordem material, só podemos dar o que temos; na ordem espiritual, podemos dar o que não temos."[1] A frase de Gustave Thibon nos lembra que a consolação é uma iniciativa cuja força pode estar, em grande parte, subterrânea e invisível. E que ela depende, por um lado, da espiritualidade – a dimensão de nossa mente em que nos aproximamos dos mistérios da vida e da morte, do bem e do mal. Essa é outra diferença em relação ao reconforto, que costuma se ater aos aspectos materiais; para reconfortar uma pessoa, é preciso ter mais força que ela; para consolá-la, não.

A consolação é humilde, sabe que seu poder é limitado

Ela sugere, murmura, não eleva a voz, não revigora; a consolação é prudente, nunca conhece a extensão exata das dores internas. Por isso a ternura e a simplicidade de suas palavras.

As palavras, aliás, não são as únicas que consolam; entra em jogo toda a alquimia do vínculo e da história que existe entre consolador e consolado, do momento escolhido e, por fim, das palavras escolhidas. Elas precisam ser simples, claras e breves – pois o sofrimento embaralha a escuta, e não se deve escrever uma tese sobre a vida de quem sofre –, e ditas com sinceridade e compaixão. Com humildade também: aquele que consola não o faz em nome de um saber ou de uma experiência, aos quais seria preciso se submeter, mas em nome do amor e da fraternidade.

Simplicidade e prudência:
as discretas qualidades da consolação

As certezas, aqui, não são bem-vindas. Na delicada alquimia da consolação, é preciso haver carinho por parte do consolador e aceitação por parte do consolado. É preciso haver paciência e humildade dos dois lados. É preciso haver dúvidas, pois, quando existe certeza – na pessoa desolada, certeza da raiva ou do desespero; na pessoa que oferece sua ajuda e seu amor, certeza de que é preciso apagar a dor –, não há espaço para a consolação. É preciso haver brechas, fissuras, para que entre a luz da consolação. É preciso haver muitas coisas misteriosas, que nos escapam, mas, mesmo com toda essa névoa, precisamos nos esforçar para consolar o sofrimento, não importa o que aconteça, porque o outro está ali, com sua dor, imensa e intimidadora algumas vezes, minúscula e desconcertante em outras.

A sinceridade é necessária à consolação?

Nunca devemos oferecer palavras de consolo nas quais não acreditamos? Não necessariamente: não se trata de acreditar nas palavras, mas de acreditar que elas possam fazer bem. A consolação quer produzir esperança, ela quer que o consolado se afaste das certezas do sofrimento e da dor, para que ele possa imaginar, apenas imaginar, que seguir em frente vale a pena. A consolação quer restaurar um pouco da esperança, esperança não se sabe em quê, mas uma esperança que alivie a dor. A esperança é a confiança dos fracos e oprimidos – que é o que somos quando mergulhamos na desolação –, a esperança é a confiança daqueles que não têm mais força nem vigor para reparar o passado ou construir o futuro.

Para consolar, a sinceridade que mobilizamos é a da intenção, e não a da certeza. Às vezes precisamos dizer a uma pessoa que vai morrer o que ela quer ouvir: que tudo se resolverá da melhor forma, que a vida recomeçará, que logo estaremos juntos e rindo como antes. Não é errado: levamos amor a uma situação de desolação; não podemos sofrer ou morrer no lugar da pessoa, mas podemos acompanhá-la da melhor maneira possível. Não é uma mentira, mas um desejo profundo e irrealizável. Existem momentos belos e trágicos na consolação.

Quanto maior o sofrimento, mais a consolação demora para encontrar seu caminho

Às vezes, só depois de anos é que nos lembramos de uma palavra ou de um gesto que nos consolou e nos recolocou nos trilhos.

Outras vezes, algumas palavras de consolo funcionam como mantras – fórmulas curtas e simples destinadas a proteger e ajudar, que repetimos para nos impregnarmos delas.

Lembro-me de pacientes contarem que minhas palavras de consolo, pronunciadas à porta do consultório na hora da despedida, serviram-lhes de apoio para atravessar momentos de turbulência, como um amuleto mágico contra as adversidades. Notei que essas mensagens consoladoras raramente eram conselhos técnicos; na maioria das vezes eram simples palavras de reconforto, que poderiam ser ditas por qualquer pessoa; formuladas na hora certa, no entanto, com simplicidade e sinceridade, tinham produzido um efeito muito maior que elas mesmas.

Há quatro momentos na vida de uma palavra de consolo:

- quando ela é dita e ouvida,
- quando ela é lembrada e refletida,
- quando ela some da consciência dos consolados, mas segue seu caminho reparador e benéfico,
- quando ela finalmente decanta no fundo da memória dos consolados, no cofre das lembranças e dos recursos, que confirmam – quando duvidamos – que a vida vale a pena e que as adversidades podem ser atravessadas.

No início, o efeito da consolação pode ser insignificante

E a consolação pode parecer uma pequena distração; ela funciona um pouco, por algum tempo, depois há um lento retorno da tristeza e do sofrimento, uma inexorável sensação de inconsolabilidade. No início, a dor sempre vence, sempre volta, arrastando o desânimo atrás de si. Por isso é bom a consolação não ser um apoio pontual, mas um acompanhamento de longo prazo. Sabemos que as pessoas de luto, acompanhadas nos primeiros momentos, com frequência se veem sozinhas pouco depois; os outros, consoladores precoces, já começaram a esquecer suas dores. É normal, cada um tem a própria vida; mas a necessidade de consolação permanece.

***

No belo ensaio *L'Inconsolable* [O inconsolável], o filósofo André Comte-Sponville diz: "Filosofia da consolação, sempre necessária e sempre insuficiente".[2] É exatamente isso: sem a consolação, a dor nos faz naufragar; com a consolação, a dor continua, mas não nos faz naufragar, sentimos que talvez possamos aguentar.

A consolação não é uma reparação mágica, ela é como uma luz que penetra a escuridão e nos permite perceber as formas ainda turvas de um mundo futuro e habitável, simplesmente habitável.

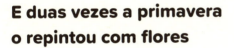

**E duas vezes a primavera
o repintou com flores**

Desde que não és mais, o campo deserto

Sob dois invernos perdeu seu manto verde,

E duas vezes a primavera o repintou com flores,

Sem que nenhuma palavra sua dor console,

E que nem a razão nem o tempo que voa

Possam secar suas lágrimas.

Malherbe, "Aux ombres de Damon".[3]

DESOLAÇÕES

Quando somos pequenos, vivemos nossas tristezas no momento presente: elas são intensas, absolutas e rapidamente consoladas.

Crescendo um pouco, conhecemos tristezas duradouras, dores interiorizadas, mas ainda somos crianças: mesmo feridos, confrontados com insucessos e rejeições, com injustiças e adversidades, somos rapidamente consolados pela vida e por suas alegrias.

Então saímos da infância, chegamos à adolescência e aos poucos descobrimos as tristezas dos adultos, as dores do ego e dos ideais, mas ainda não dispomos de todos os recursos psíquicos para enfrentá-los: o sofrimento é garantido.

Por fim, descobrimos o inevitável: certas coisas não têm remédio, e precisamos ser consolados. Esse é o trabalho de nossa vida: diante da infinidade de desolações possíveis, precisamos, para resistir a elas, permanecer sensíveis à infinidade de momentos felizes e saber acolher em nós a infinidade de consolações, para conseguirmos levantar sempre que cairmos.

As três inevitabilidades da condição humana

É complicado falar da felicidade: para muitos, é um assunto um tanto ingênuo, até mesmo bobo, e sua busca, um privilégio de poucos. Para mim, que sou psiquiatra, nunca foi assim: passar minha vida profissional ao lado de pessoas infelizes me convenceu de que se aproximar da felicidade é uma boa e inteligente ideia.

Quando dou aulas ou conferências sobre psicologia positiva, para explicar por que precisamos da felicidade, costumo começar assim: "Vamos sofrer, envelhecer e morrer. O mesmo acontecerá com as pessoas que amamos, elas vão sofrer, envelhecer e morrer. A vida se resume a isso!". E me calo. Silêncio constrangedor na sala, as pessoas se perguntando: "Erramos de conferência?".

Então explico. "A vida se resume a isso, impossível negar; felizmente, ela não é *apenas* isso. Porque a vida também é felicidade, momentos de alegria que nos aliviam, consolam, confortam e ajudam a compreender que, apesar do sofrimento, da passagem do tempo, da perspectiva de nosso próprio fim, a vida é bela, e percorrê-la é uma bênção, e tê-la vivido, uma sorte."

A felicidade, em todas as suas formas, ajuda-nos a enfrentar o que a vida tem de difícil, que costumo chamar de "as três inevitabilidades" da trajetória humana: sofrimento, envelhecimento e morte. Esses três sentimentos fazem com que nós, seres humanos, sejamos uma "comunidade de almas em sofrimento".[1]

Mesmo quando nossa vida é boa, mesmo quando gozamos de boa saúde e vivemos num país em paz, as três inevitabilidades cedo ou tarde cruzarão nosso caminho, e nós sentiremos necessidade de consolação.

Consolação porque vamos sofrer

Na maior parte do tempo, para a maioria de nós, não enfrentamos grandes sofrimentos. No entanto, as pequenas dificuldades também podem se revelar desestabilizadoras e adquirir em nossa mente um tamanho insuspeitável vistas de fora, porque nos parecem incessantes. Podemos cerrar os dentes, procurar soluções, ajudas e, às vezes, por que não, recorrer a remédios e tratamentos. Mas, mesmo com esses auxílios vindos de fora, muitas vezes sentimos que as adversidades seguem "pendentes" até serem pagas por nós.

As grandes fontes de sofrimento e desolação são as doenças e as deficiências. Qualquer pessoa que tenha saído de uma consulta em que lhe anunciaram – para ela mesma ou para um parente amado – uma doença grave, mortal, degenerativa, incurável viveu estranhos momentos de solidão: ela caminha na rua, mas não é mais como os outros; os outros ainda estão no mundo dos vivos e despreocupados, ela já está do lado dos que vão sofrer, dos que vão morrer.

Quando crônica, a doença severa nos leva a viver sob a ameaça de sinais de agravamento, de possíveis recaídas, e transforma qualquer exame médico "de rotina" numa loteria de vida ou morte. Ela impõe uma luta constante por leveza e liberdade: não pensar nela a todo momento, não se autoexaminar todos os dias, não se comparar aos outros, os saudáveis, que não parecem sequer conhecer ou compreender a sorte imensa que têm.

A doença às vezes também impõe uma luta contra as falsas esperanças: contra a vontade de se acreditar curado, muitas vezes seguida da decepção de um retorno dos sintomas ou de uma confirmação por exames médicos de que a doença segue presente, ainda que silenciosa, a doença e sua condenação a uma vida de esforços e preocupações. Às vezes a doença leva a uma deficiência, uma perda, que obriga a viver com limitações constantemente relembradas, e a lutar, de novo, contra a tentação constante de comparação (com o passado, com os outros).

***

Por tudo isso, os doentes precisam de consolações de longo prazo, espalhadas no tempo. Nos dias em que o óbvio não pode ser negado, o esquecimento e a negação não bastam: precisamos desenvolver uma cultura da microconsolação, no dia a dia, e nos dedicar da melhor maneira possível à filosofia do "um dia depois do outro". Um dia difícil é a medida de nossas forças, não a perspectiva de uma dezena, uma centena ou uma eternidade de dias de sofrimentos e dificuldades; afinal, os momentos de nossa vida em que surge o sentimento de eternidade, para o bem e para o mal, são os das grandes alegrias e dos grandes sofrimentos. "Um dia depois do outro" é ao mesmo tempo uma filosofia da ação ("Concentro-me no que posso fazer aqui e agora") e uma filosofia da esperança ("Ninguém sabe o bem que virá amanhã"). A esperança é consoladora, porque liberta nosso olhar da antecipação dos problemas futuros e o torna disponível para a felicidade do momento. Não sei quem escreveu a máxima "Cuide das horas, os dias cuidarão de si mesmos", mas ela vem ao encontro dessa ideia: presença no instante presente, confiança nos seguintes...

▶ CONSOLAÇÕES DO AMANHECER

Quem teve uma doença grave sabe como as noites podem ser angustiantes. As ações e interações são poucas ou inexistentes, então o sofrimento e a angústia ocupam toda a mente do doente. Nem sempre ousamos pedir ajuda, e às vezes, quando estamos sozinhos em casa, não temos auxílio disponível. Então esperamos o amanhecer e o alívio de ver o dia nascer, trazendo consigo seu lote de microconsolações, presenças humanas, cuidados, sorrisos, trocas de palavras. Lembro-me de um amigo hospitalizado que me falou do prazer que sentia ao amanhecer, quando voltava a ouvir frases da equipe médica em voz alta nos corredores e observava

> os pedestres na rua de sua janela: "Eu sabia que minha doença continuaria, que a dor continuaria, que a volta do dia não anularia meus problemas, mas não me sentia mais sozinho no mundo: junto ao amanhecer, voltavam o movimento e o barulho da vida, que me consolavam melhor que a imobilidade e o silêncio da noite". Como as belas palavras de Goethe, no *Fausto*: "Para curar, confia no dia ressuscitado...".[2]

Consolação porque vamos envelhecer

Envelhecer: ter mais lembranças e arrependimentos do que futuro e projetos. Com um corpo que cada vez mais se assemelha a um barco velho, comovente pelas histórias que conta, mas cada vez mais frágil, cheio de remendos e consertos causados pelas tempestades enfrentadas ou pelo simples tempo de navegação. É necessário cuidar bem dele, não se lançar em longas travessias, conhecer seus limites; e nunca deixá-lo ficar parado e deteriorar-se no porto ou na marina, pois tudo se aceleraria.

Muitas visões e declarações sobre o envelhecimento são sinistras. Como a angustiante definição de Gustave Thibon: "Velhice extrema: pântano a ser atravessado entre a vida que já não é vida e a morte que ainda não é eternidade: um período estagnado e privado de todo devir".[3] Mas também há visões consoladoras e alegres, como uma atribuída a Woody Allen: "Envelhecer ainda é a melhor maneira que encontrei até agora de não morrer".

O que me lembra uma pergunta que uma leitora me fez numa sessão de autógrafos: "Como se chama a sensação de ser jovem num corpo velho?". E eu, que a conhecia muito bem, como todos os seres humanos, respondi: "Ela se chama sorte! E é muito melhor do que se sentir velho num corpo jovem!".

Mas envelhecer não é de fato uma sorte, apenas uma série, mais ou menos rápida e visível, de perdas de todos os tipos. Inútil tentar dizer algo bom a respeito do envelhecimento para nos reconfortarmos! Contentemo-nos em aceitá-lo da maneira mais serena possível, lembrando que envelhecer nos permitiu viver coisas boas, esperando que ainda nos reste um pouco mais a descobrir!

Continuar vivo: não conheço melhor consolo para a tristeza (branda ou dilacerante) de envelhecer. E, para voltar à fórmula inicial, o envelhecimento feliz sem dúvida consiste em abandonar os arrependimentos, fazer planos, valorizar as lembranças e não se preocupar com o futuro; apenas escrevê-lo da melhor maneira que pudermos.

> ### ▶ TODA A GRAÇA QUE RESTA EM VOCÊ
>
> Uma mulher e um homem se amaram quando mais jovens. A vida os separou, mas eles ainda trocam, de vez em quando, pequenas mensagens afetuosas, eles se apoiam quando a vida está difícil. Um dia, ela lhe escreve o seguinte: "Ontem, cruzei na rua com um senhor idoso muito bonito, ele caminhava com cuidado, mas muito ereto, olhava para o alto e emanava uma fragilidade e uma espécie de serenidade e segurança. Pensei em você na mesma hora e disse para mim mesma que você se parecerá com ele um dia, quando for tão velho quanto ele. Fiquei bastante comovida de pensar na passagem do tempo em nosso rosto e corpo. E reconfortada de ver que a beleza pode sobreviver aos anos, uma beleza de verdade. Às vezes se fala da beleza das pessoas de idade com um pouco de complacência e falsidade. Mas ela existe. Tenho essa sensação quando, de tempos em tempos, vejo você. A sensação de que estamos envelhecendo, mas de que alguma graça permanece".

Consolação porque vamos morrer

É engraçado dizer que, às vezes, precisamos nos consolar por estarmos vivos. Porque estar vivo é ser mortal. E ser humano é saber, desde muito cedo, que somos mortais, e pensar nisso com frequência, ou o tempo todo. Precisamos ser consolados da obsolescência programada dos seres humanos, por parte de Deus ou da natureza.

Falamos disso há pouco: viver é nascer, sofrer, morrer. Não escolhemos nenhum desses três acontecimentos. Sabemos apenas, quando nos tornamos conscientes de nós mesmos, que sofreremos e morreremos. Precisamos nos virar com isso! Não surpreende, portanto, que tantas vezes nos sintamos tentados à desolação, mesmo em meio à felicidade. Como no poema de Marie Noël:

> *Foge! A felicidade é apenas um pesar que começa.*
> *Quando ela passa por aqui, ele é que a conduz.*
> *Assim que abril dá um passo, o inverno ao longe avança;*
> *A vida abre para a morte, o amanhecer traz a noite.*[4]

As oscilações da alma nos acompanham ao longo da vida: tentação da felicidade, consciência de sua fragilidade; tentação da desolação, consciência de seu absurdo; e então, busca de consolação. No fim, é por isso que viver exige microconsolações permanentes e às vezes preventivas. A beleza e a bondade dos momentos simples de nossa vida são sua matéria-prima. É por isso que sempre precisaremos fazer o leve esforço de nos deixar reconfortar pela doçura do mundo, para enfrentar todas as tristezas prontas para surgir em nós.

E é por isso, também, que a imersão na natureza é um reconforto universal e não apenas uma fuga das complicações da vida, mas também o consolo profundo de um retorno às raízes e ao essencial, à simplicidade absoluta e invencível de se sentir vivo. Marie Noël também escreve sobre isso e nos consola, como deve ter consolado a si mesma:

> *Vivi sem saber*
> *Como a grama cresce*
> *A manhã, a tarde, a noite*
> *Giravam sobre o musgo.*[5]

Desolações do luto

"Perante tudo que vem de fora, podemos obter segurança; mas, no que concerne à morte, todos os homens moram em uma cidade sem muralhas."[6] Essas palavras são do filósofo Epicuro, que, ao contrário do que se pensa, não ensinava a arte do prazer, mas a do viver bem diante da dor e da morte. A ameaça de nossa própria morte é um fato, mas falaremos da morte dos outros e veremos aquilo que, às vezes, pode ser um consolo.

Viver é perder. E viver bastante é ter a certeza de perder bastante: passaremos por muitos lutos, veremos a partida de vários familiares, amigos, conhecidos, celebridades. Uma vida tem muitos lutos. E, portanto, muitos pesares e tristezas, desolações que a dividem em duas: uma antes e uma depois. Talvez remendemos o corte, as outras pessoas provavelmente nem o notem no futuro. Mas, para nós, ele sempre existirá.

Algumas mortes são quase furtivas, como as dos vizinhos de andar, de bairro; a morte bate na porta ao lado, não foi a nós que veio buscar; desta vez, em todo caso. Há mortes de desconhecidos, que adivinhamos pelo sino da igreja vizinha, pelos agrupamentos na frente de lugares de culto, pela passagem de um carro fúnebre. Tudo isso é normal, mas sempre mexe conosco.

Há a morte de amigos, testemunhas de dias passados, a morte de estrelas de cinema, testemunhas de nossa juventude: pesares que nos envelhecem, mas aos quais sobrevivemos; nossas lembranças esparsas começam a se reunir numa história cujo fim aos poucos começamos a entrever, e que progressivamente começa a pesar mais que nossos projetos.

Também temos de enfrentar outras mortes, ainda mais dolorosas: de um cônjuge, dos pais, dos avós, de um familiar. A cada vez, toda uma parte de nossa vida desaba e desaparece, e com ela uma frágil ilusão, não de imortalidade, mas de durabilidade (os seres humanos se sabem mortais, mas se esperam duráveis).

Depois, há o pico da dor, a morte de um filho: onda de choque inconcebível e impensável. Quando a tristeza do luto é imensa, quando um parente muito próximo e muito amado morre, surge a tentação do nada como solução para a desolação: "Parece o fim do mundo. Não do mundo inteiro, infelizmente. Seria bom, o fim do mundo. Não precisaríamos abrir os olhos, sentir as batidas do coração, reerguermo-nos".[7] A consolação parece impossível. Tocados pelo desespero, os enlutados se sentem inconsoláveis, e muitas vezes assim querem permanecer, por fidelidade. Eles não conseguem se recuperar de sua dor: curar seria trair.

O que fazer? A consolação se assemelha, nesses casos, a um paciente trabalho de libertar e extrair a pessoa enlutada de sua dor. Existe, como na medicina paliativa, um "protocolo compassivo" de consolação? Manter-se presente, aliviar a parte do sofrimento acessível a nós, por meio da distração, deter o pior, impedir um agravamento da situação ou o suicídio, e esperar que algo aconteça. Nos cuidados paliativos da compaixão, não devemos nos esquivar diante de uma missão impossível, como a de consolar pais que perderam um filho ou que vão perdê-lo devido a uma doença incurável. Pois a morte certa e próxima pode ser uma provação ainda maior, uma longa e lenta explosão de sofrimento, ou de raiva e incompreensão, e um longo e lento exercício de autocontrole.

"Acima de tudo, não olhar para as outras crianças como afortunadas, nem as insuportáveis e mimadas; principalmente elas, que não têm culpa de nada, como todas as crianças." A esses pais extremamente frágeis só podemos propor nossa presença e nossas palavras, sem imposição. É o que conta Anne-Dauphine Julliand à cabeceira de uma de suas duas filhas, que ela sabe condenada; uma enfermeira se aproxima e lhe diz apenas: "Estou aqui". Duas palavras simples, que nem precisariam ser ditas; depois, sem fazer mais nada, ela se mantém a seu lado, sem falar.[8]

A consolação nunca visa suprimir a dor de uma pessoa enlutada, mas torná-la suportável, de modo que não lhe retire totalmente a vontade de viver. Não devemos dizer "não chore", mas "chore até o fim de suas lágrimas, estarei aqui, a seu lado".

> ### TRANSFORMAR A DOR EM LEGADO
>
> Uma de minhas filhas me diz que a morte de seu avô (meu pai) a deixará inconsolável para sempre, que ela não consegue ver como pode haver consolação quando alguém que amamos morre: "Sempre que falamos sobre ele, fico com lágrimas nos olhos". Tento lhe explicar que não se trata de parar de sofrer, mas que o importante é não se deixar encerrar dentro desse sofrimento quando nos lembramos da pessoa que partiu; aceitar o sofrimento sem se prender a ele e sem fugir dele, e continuar para além dele; atravessar a cortina de tristeza e buscar lembranças felizes, rememorando aquilo que a pessoa nos deixou, transmitiu, legou. Transformar a dor em legado. Sempre que minhas filhas me falam de seu pesar pela morte desse avô que elas amavam tanto, sinto uma mistura de tristeza e alegria: ele lhes deixou centenas de lembranças felizes, ou seja, um tesouro para o resto da vida delas. A consolação nunca anula a dor, ela lhe acrescenta felicidade, suavidade.

Assim que sentem a hora certa, os terapeutas experientes não hesitam em fazer os enlutados falarem longamente sobre a pessoa que partiu. Meu colega e amigo Christophe Fauré o faz de maneira aparentemente desestabilizante, através de uma pergunta estranha: "Quem você perdeu?".[9] Sobressalto dos pacientes: "Ora, o senhor sabe muito bem, já lhe disse: minha filha (ou meu marido, meu pai etc.)!". Ele explica: "Sei muito bem, mas, quando pergunto 'quem', quero dizer 'quem foi essa pessoa, quais eram suas qualidades, suas zonas de sombra? Como era a relação de vocês?'. Sim, conte-me *realmente* quem você perdeu". O ato de colocar essas coisas em palavras desperta muitas emoções e sofrimentos, mas também produz, pouco a pouco, muita pacificação; voltaremos a falar sobre isso.

Violência e loucura do mundo

Um mendigo deficiente, um cego que tropeça numa calçada esburacada, um cachorro que manca: "Isso me deixa triste", dizem as crianças, naturalmente tocadas pelo sofrimento dos seres vivos, humanos ou animais. Com o passar do tempo, elas aprendem a se blindar. Elas aprendem a olhar para o lado ou a pensar em outra coisa, para não serem constantemente desestabilizadas pelos sofrimentos ao longo do caminho. Mas, quando pequenas, elas não sabem desviar os olhos ou calar e expressam palavras de surpresa e compaixão que nos incomodam, perturbando nosso conforto de surdos e cegos, avaros de emoções dolorosas. Elas nos chamam de volta à realidade e à verdade.

A vida costuma ser dura, e o mundo, injusto e insano: esse é um truísmo, uma verdade tão evidente que parece inútil dizê-la. Mas, mesmo invisibilizada por nossa mente, essa verdade tem sobre nós um impacto constante e poderoso. Melhor enunciá-la, melhor nomeá-la, para não esquecê-la e saber o que fazer.

É nesse "o que fazer?", justamente, que está a dificuldade. Precisamos agir, se pudermos, é claro. Alguns, os militantes, os defensores dos direitos humanos, escolhem dedicar a vida a isso. No entanto, mesmo agindo, as coisas não se resolvem para sempre, sempre haverá sofrimento, violência e injustiça.

Diante da violência do mundo, precisamos, além de ação, de consolação: precisamos consolar as pessoas feridas e ser nós mesmos consolados quando chega a nossa vez.

Uma das coisas que a desolação nos faz sentir é tristeza, emoção que nos fecha em nós mesmos e nos afasta do vínculo e da ação. Mas não há apenas tristeza: há também medo, a ser pacificado; revolta, a ser acalmada; vergonha, a ser reconfortada; inveja, a ser esclarecida. E algo a ser consolado, a cada vez. Porque a onda de emoções dolorosas deixa um rastro de sofrimento: as coisas estão muito longe do que deveriam ser, e nós somos muito frágeis e impotentes.

A consolação pode nos dar energia para agir: levamos nosso olhar para o que funciona, para o que está bem, e isso às vezes alivia a dor. Alivia, mas não suprime. Nossa vida avança assim, entre tropeções de sofrimento e galopes de felicidade. E a vida não faz a média: um drama de um lado e uma alegria do outro não constituem uma vida "aceitavelmente na média", mas uma vida e ponto final. Se meus pés estão no forno e minha cabeça, no congelador, não estou na média ou na temperatura certa, tenho dois problemas a resolver. A vida é assim, desolações e consolações não se neutralizam, elas se chocam e se sucedem.

Há também a consolação do invisível, em que precisamos acreditar quando não estamos bem: as coisas que não vemos e não sabemos, mas que fazem com que o mundo permaneça habitável, e até bonito. No início do filme *Uma vida oculta*,[10] que narra a história de um simples camponês austríaco contra o nazismo, deparamo-nos com a seguinte frase: "Se, para você e para mim, as coisas não vão tão mal quanto poderiam, devemos isso em grande parte àqueles que viveram fielmente uma vida oculta e que descansam em sepulturas que ninguém mais visita".[11]

Quando o que vemos nos desola, não podemos esquecer que existem muito mais coisas que não vemos, e que várias delas são bonitas. Não para compensar, equilibrar, anular. O horror, a miséria e a injustiça de um lugar nunca são purificados, compensados e apagados pela alegria, pela beleza e pela pureza de outro. Mas estas últimas nos ajudam a não sucumbir à amargura e ao desespero da desolação absoluta. E nos mostram para onde guiar nossos esforços. E também com o que a vida pode se parecer.

O que é ruim
sempre pode piorar

Durante a pandemia de covid-19, no início de 2020, quase todos os países ocidentais adotaram medidas de confinamento bastante estritas para suas populações até que vacinas fossem elaboradas. Isso permitiu frear a epidemia e, portanto, foi uma medida médica positiva, em especial para os mais frágeis, os idosos. Mas o confinamento foi psicologicamente desfavorável para os mais jovens, que se viram privados de escolaridade, atividades esportivas, socialização e, por isso, levados às telas, ao ócio e ao tédio. Observou-se neles um grande aumento de distúrbios mentais (depressão, ansiedade, tentativas de suicídio, consumo de substâncias[12]).

Vários especialistas e comentaristas diagnosticaram uma "geração sacrificada", sugerindo que as necessidades psicológicas dos jovens não tinham sido levadas em conta o suficiente em relação às (legítimas) necessidades médicas dos idosos. Isso provocou debates, pois, para alguns, a expressão "geração sacrificada" era exagerada e devia ser reservada aos jovens que sofreram violências e privações extremas durante as duas guerras mundiais ou nos inúmeros conflitos hoje em curso no planeta.

O argumento é correto, em termos absolutos, e, qualquer que seja o sofrimento pelo qual passamos, o que é ruim sempre pode piorar. Mas então o que fazer? Dizer que não há motivo para desolação e, portanto, que não há motivo para consolação e ação? Ou admitir que o cérebro humano não funciona assim: não reagimos a um problema avaliando sua gravidade em termos absolutos, mas em termos relativos. Se vivo numa sociedade em que calefação central e água quente estão disponíveis para a maioria, o fato de ser privado delas por alguma avaria ou saber que alguns não têm acesso a elas por alguma injustiça pode me entristecer. No entanto, se me comparo com as pessoas do passado e a grande maioria das pessoas do presente, calefação e água quente são luxos a que eu obviamente poderia renunciar sem me queixar.

Existem desolações *absolutas*: a morte, a violência, a miséria. E também desolações *relativas*: as adversidades comuns, as dificuldades do cotidiano. As adversidades relativas também nos afetam, muito mais do que gostaríamos. Elas não devem nos afastar da consolação, apenas nos encorajar a uma reserva relativa: é bom expressar sua dor e pedir ajuda sem dramatizar, e consolar sem se exceder.

Adversidades comuns

Algumas adversidades são discretas, não deixam feridas ou sequelas visíveis, não afetam – pelo menos não de forma direta e imediata – nossa saúde e a das pessoas ao nosso redor: são os infortúnios aos quais sobrevivemos, intactos por fora, mas abalados por dentro.

Está tudo bem, mas...

Outras provações podem ser violentas. De ordem material – casa incendiada, assalto – ou de ordem relacional: assédios, humilhações, agressões, conflitos familiares, divórcios, infidelidades e separações, corações partidos, envio dos pais para clínicas de idosos. Também temos dores profissionais: insucessos, demissões, desemprego.

Nesses momentos, experimentamos a desolação claramente, ainda que costumemos dizer que "está tudo bem": a felicidade se turva, tornando-se um horizonte ou uma ideia distante. Foi o que me disse uma colega médica durante um divórcio difícil e conflituoso: "Nunca sabemos direito se estamos felizes ou apenas bem; quando sofremos, no entanto, temos certeza de sofrer". Um coração partido não é o simples contrário de um coração leve; o segundo embeleza nossa vida, o primeiro parece atingi-la com um golpe fatal.

No entanto, quando essas adversidades comuns se complicam, sofremos de algo que não se enxerga, ou que os outros avaliam mal: carregamos a dor de uma miríade de pequenos lutos cotidianos, de mil e um pequenos detalhes, invisíveis aos outros, que nos lembram de que estamos privados de um ponto de apoio na vida. É o que acontece quando perdemos um animal de estimação: a dor é como um iceberg, sua parte submersa é maior do que a ponta que os outros podem ver. E ela é um pouco inconfessável: como manifestar sua necessidade de consolação pela morte de um animal que teve uma vida feliz, enquanto pessoas morrem o tempo todo depois de uma vida inteira na miséria?

Aparentemente, nada grave...

Também existem adversidades aparentemente pequenas: o aluno que vai mal na prova, o adolescente que termina um relacionamento. Vistas de fora, parecem pequenas decepções. Mas quem sabe que tipo de cicatrizes elas podem deixar? Ou que feridas elas podem aprofundar? Nesses arranhões da vida real, não devemos emitir julgamentos ao observar desolações que parecem desproporcionais: é provável que existam outras dores no passado, despertadas por aquela adversidade. Também é importante reconfortar para evitar feridas futuras: porque a dor de um insucesso não consolado pode se tornar a origem de um medo de agir, um medo de que o insucesso se repita; porque um rompimento amoroso que parece banal pode prenunciar uma dificuldade prolongada para o amor seguro.

O papel da consolação, nesses momentos, não é reparar o que foi quebrado, mas ajudar a enfrentar as provações subsequentes e as incertezas futuras. Para consolar, além de não julgarmos a legitimidade da desolação, devemos também nos esforçar para acalmar a pessoa que soluça, chora e pede ajuda. Mesmo quando a dor parece pequena: nunca conhecemos todo o passado da pessoa que chora.

A turba de pequenos males

Quando Montaigne fala da "turba de pequenos males",[13] ele explica a sensação de constantemente precisarmos enfrentar problemas e complicações. Essa é uma sensação comum em pessoas deprimidas, que, com suas anedonias – incapacidades de sentir prazer –, são privadas da força e do impulso vital que a felicidade proporciona.

Mas também pode acontecer que, em certos momentos de nossa vida, as responsabilidades e as adversidades se acumulem.

Montaigne descreve bem o fenômeno de sensibilização que pode ocorrer, como numa alergia: "Os impedimentos mais miúdos e delgados são os mais penetrantes; e assim como as letras miúdas ofendem e cansam mais os olhos, também os pequenos casos nos pungem mais. A turba de pequenos males ofende mais que a violência de um só, por maior que seja. Por serem bastos e finos, esses espinhos domésticos nos mordem com mais agudeza e sem fazer ameaças, surpreendendo-nos facilmente de modo imprevisto". Algumas linhas depois, ele faz uma observação maravilhosa: "É coisa delicada a vida, fácil de melindrar".

TRISTEZA DE UMA NOITE DE VERÃO

Uma noite de verão, no trem que me leva do País Basco a Toulouse. Suave e dourada, a luz da noite se dissemina por todos os tons de verde das árvores e dos campos que passam pela janela. Os Pirineus aparecem ao longe, desfilando seus picos cinzentos e rosados. Tenho consciência de que a morte virá e um dia me privará desses momentos. Estranhamente, porém, não sinto nenhuma inquietação, apenas uma leve tristeza, um simples véu. Poderia dissolvê-lo (nem sempre é fácil, mas hoje eu conseguiria) sorrindo, telefonando para alguém que amo (sem lhe dizer que preciso ser consolado, apenas ouvir sua voz me faria bem), levando minha atenção para os momentos agradáveis que acabo de viver ou que estão no horizonte. Mas não, decido deixar pairar sobre mim essa pequena tristeza sutil, sem ameaça e sem maldade. Ela embeleza o momento, tornando-o mais sério, mais profundo, mais denso. Ela o torna melhor e mais forte. Não preciso ser consolado de muita coisa neste momento: de um pouco de cansaço, de um pouco de doença e das incertezas banais da vida – a vida que dura e persiste.

Sinto-me mortal, realmente, profundamente, não apenas intelectualmente; é um sentimento calmo e intenso, uma

> sensação total, que se assemelha a uma certeza, não a um pensamento. Estou em paz, no entanto. Será por causa do movimento do trem, do céu e das paisagens que passam e me acalmam, como uma canção de ninar existencial? Será por causa da luz da noite e de sua sensação de eternidade?
>
> Neste momento, entendo a essência da consolação: nada está resolvido, mas me sentir nos braços do presente me acalma e me basta.

O aluguel da vida

Microadversidades continuadas formam as chamadas "provações da vida". Elas não têm nada de escandaloso ou anormal; deveríamos inclusive esperar por elas, contar com elas, como fazemos em relação aos imprevistos que podem acontecer num deslocamento até a estação de trem ou o aeroporto.

A mais simples e mais útil das sabedorias existenciais consiste em ver a adversidade como um aluguel que pagamos para a vida, e em aceitar a realidade, mesmo quando ela é incômoda e sofrida. Ela pode se basear em pequenos mantras pouco ambiciosos: "Você está irritado, mas é normal"; "Não se queixe, aja, sorria e espere que passe". Essas palavras dirigidas a nós mesmos são palavras de consolação? De certo modo, sim; a meu ver, elas nos encorajam a não passar da dor para a queixa e nos murmuram: "Você não é o único a viver isso, não é uma tragédia, você vai sair dessa e vai se esquecer de tudo; você sabe muito bem, não é mesmo?".

Em certos momentos da terapia cognitiva, o terapeuta pede ao paciente estressado um exercício simples: hierarquize as fontes de sofrimento, problemas e preocupações, atribuindo-lhes uma nota de 0 a 100 na escala da adversidade. Nessa escala, a nota 100 corresponde à adversidade absoluta: a morte de um filho; as notas de 1 a 10, a adversidades menores: quebrar um objeto de uso diário. Essa estranha aritmética costuma reequilibrar a intensidade do sofrimento e diminuí-lo um pouco.

Outro exercício da mesma natureza: imagine o impacto de uma contrariedade que parece enorme no presente, mas dentro de um mês, um ano ou mesmo no leito de morte. Continuará igualmente terrível? O "exercício do leito de morte" costuma acalmar; depois, fazer pensar; por fim, às vezes, consolar.

Tristezas sem razão

Os estados de abatimento, melancolia e tristeza inexplicáveis são mais difíceis de consolar do que pensamos. Duas atitudes são bastante comuns: esperamos que passem, mantendo-nos ativos e torcendo para que a vida coloque em nosso caminho reconfortos inesperados; ou dizemos para nós mesmos que nunca existe tristeza sem razão. E nos perguntamos se esse *nada* sem fonte, do qual não podemos ser consolados, não é a tristeza de uma vida em que não há nada que nos alegre, uma vida cinza, sem dificuldades mas sem alegrias, uma vida em que aos poucos emerge o sofrimento do materialismo e do utilitarismo, da ausência de ideais e de espiritualidade. Uma vida em que gastamos tempo demais fazendo contas e compras, e tempo de menos olhando para as estrelas que brilham ou para a grama que cresce.

As melancolias e tristezas que nunca abandonam certas almas em sofrimento de fato existem e podem pesar sobre a vida mais que um luto – grande dor que ao menos deixa a porta aberta para a consolação e o renascimento. O lento sufocamento de uma infelicidade sorrateira ou silenciada não deixa entrever solução possível.

E também há coisas que deveriam se assemelhar à felicidade, que nos alegram mas que também nos fazem sofrer, as ditas tristezas dos momentos felizes: terminar os estudos, mudar de emprego, mudar-se para uma casa nova e despedir-se de lugares, de pessoas, de atividades de que ainda gostamos; ver os filhos crescerem e saírem de casa; observar os próprios pais, ainda vivos, chegarem a uma idade avançada. Mesmo no desenrolar feliz de uma vida humana, a tristeza tem seu lugar.

Por fim, há a felicidade dos inquietos, dos ansiosos: eles precisam de consolação porque vivem uma felicidade e se dão conta de que ela é frágil e vai desaparecer. Assim que se sentam à mesa, eles pensam no fim da refeição. Difícil não lhes dar razão: eles estão certos, a felicidade vai passar. Resta a consolação, que traz a imersão no presente, a capacidade de saborear o que se tem.

Lembro-me de um dia conversar com uma paciente, quase curada de sua ansiedade. Ela me confidenciou que, no início, seu cérebro, apaziguado pela satisfação do momento presente, aprendida e lapidada durante a terapia ("Saboreie a felicidade antes de pensar, mesmo sabendo que ela vai desaparecer"), voltava à carga com outros pensamentos ("Ainda que a felicidade sempre volte, ainda que seu desaparecimento sempre seja seguido de um recomeço, um dia você vai desaparecer para sempre").

Nossa ansiedade às vezes parece impossível de apagar, e "nossa necessidade de consolação, impossível de saciar".[14] Por isso devemos lhe dar atenção. Estamos condenados a respirar para sempre, porque sempre precisaremos de oxigênio; também estamos condenados a precisar de consolação para sempre, porque a vida nos magoará e um dia acabará. Desolação porque a vida é difícil e chega ao fim com a certeza da morte, consolação porque ela também é bela e chega ao fim com o mistério do além.

Lembro-me de que essa mesma paciente outra vez me contou que, ao longo da vida, sempre sentira um pouco de ansiedade quando precisava viajar, em férias ou nos fins de semana. Mas ela também observara o seguinte: ela ficava preocupada de sair de onde estava, mas, ao mesmo tempo, feliz de chegar aonde ia. E acrescentou, com astúcia: "Espero que o mesmo aconteça em minha viagem final! Em todo caso, é o que penso quando sinto medo da morte: estarei triste de deixar a vida, mas, de acordo com minha 'lei psíquica do deslocamento', ficarei feliz de chegar ao outro lado!".

A continuidade de nossas desolações

É possível estabelecer uma continuidade entre os extremos? Entre as pequenas e as enormes desolações? Entre a desolação do contrariado e a do enlutado? Parece incongruente, mas a meu ver existe, no amplo território da desolação, uma continuidade relativa, por mais surpreendente que seja.

Quando estamos frágeis, uma simples contrariedade pode nos fazer sentir uma breve e intensa desolação: perder um objeto estimado, brigar com um parente, perder o trem ou o avião. Lembro-me de uma amiga, bastante vulnerável, que quebrou uma bonita chaleira que seu falecido pai lhe dera: ela me contou ter sentido um desespero imenso, que durou vários minutos, ao constatar que os danos eram irreparáveis. Nada grave, é claro, e a aflição não foi duradoura, mas, na hora e por um breve momento, a desolação foi intensa.

Encontramos nessas aflições desproporcionais os dois ingredientes de qualquer sofrimento: o sentimento de solidão (na linguagem corrente, fala-se em "grande momento de solidão" para descrever um momento constrangedor e socialmente incômodo) e a impressão de irremediabilidade.

Em *Crack-up*, relato autobiográfico sobre a própria depressão, o escritor F. Scott Fitzgerald descreve de que modo um acontecimento menor pode dar vontade de morrer: "Às 3 horas da manhã, um pacote esquecido adquire a mesma importância trágica que uma sentença de morte".[15]

Também pode acontecer de uma desolação trivial se associar a uma desolação mais dramática: uma angina ou dor de dente, um carro estragado ou problema burocrático, junto a um câncer ou um luto. As grandes dores infelizmente não nos protegem das pequenas.

Ter uma vida humana deveria nos preparar para a adversidade, ou ao menos para considerá-la. Isso teria um primeiro efeito benéfico: iria nos impelir a saborear os instantes isentos de dificuldades, iria nos abrir os olhos para nossa sorte. E um segundo efeito igualmente propício: nos ajudaria a perder menos tempo em lamentações por um sentimento de injustiça quando atingidos por uma adversidade. Diríamos apenas: "Droga, os ventos estão mudando" e tentaríamos enfrentá-los da melhor maneira possível. Doce ilusão? Sem dúvida. Mas a denegação (não pensar na adversidade na esperança de que ela não aconteça) é outra doce ilusão. Cada um escolhe a sua, dependendo de suas forças neste ou naquele momento da vida.

Lembro-me de uma paciente que fez sozinha uma das coisas mais estranhas que já vi em terapia: muito ansiosa e recuperando-se de uma depressão, um dia ela redigiu uma lista de todas as catástrofes que poderiam atingi-la no futuro: perder um filho, o marido, um parente; ficar doente (ela redigiu outra lista com as doenças que já tinham afetado sua família ou das que sentia medo); perder o emprego... Era uma folha inteira ("E não coloquei tudo, doutor!"). Nunca teria ousado pedir, justamente a ela, que imaginasse todos aqueles dramas sem que eu estivesse a seu lado.

Mas aquela lista lhe fez bem. "Sabe por quê? Fiquei aliviada de colocar tudo no papel. Disse para mim mesma que não era porque estavam escritas que aquelas coisas aconteceriam. Que eu não poderia sofrer todas aquelas desgraças! Que elas eram o tipo de coisa que podia acontecer a qualquer um, não apenas a mim. E que, por enquanto, eu estava com sorte: só precisava terminar de tratar minha depressão e só tinha sofrimentos normais, no fim das contas."

Os mecanismos de nossas desolações

Existe uma relativa continuidade entre nossas desolações, portanto, um parentesco mais ou menos distante entre elas. E uma semelhança em seus mecanismos.

Toda desolação, grande ou pequena, é como uma parada brusca numa vida que avançava tranquilamente, uma vida na qual cada dia continha a promessa dos dias seguintes, cada ocasião perdida era desimportante, porque haveria outros amanhãs e outras ocasiões de recuperá-la. A irrupção do sofrimento em nossa vida bem organizada nos arranca de nosso conforto e nos atira para longe, impotentes. O momento presente se torna angustiante, o instante futuro, também. A rotina é uma prisão quando tudo está calmo, mas também uma segurança quando tudo está agitado. Sentimos falta da segurança e da previsibilidade assim que a adversidade nos priva delas.

Na desolação do luto ou das grandes provações, é como se fôssemos propulsionados para outra dimensão. Tornamo-nos diferentes dos outros: eles estão no mundo antigo, o mundo da normalidade e da felicidade possível a qualquer momento; nós fomos expulsos para outro universo, frio e sem ilusões. Estamos no limbo, entre o mundo dos mortos e dos vivos, num *intermundo* onde nada faz sentido. Com a sensação de que fomos atingidos por todas as adversidades, como na máxima de Shakespeare: "O inferno está vazio, e todos os demônios estão aqui".[16]

Nos lutos, momentos em que o sofrimento não está mais em primeiro plano, como se recuperasse o fôlego, às vezes emerge uma sensação de vazio, de dificuldade de viver a vida e todos os pequenos esforços e ajustes exigidos pelo cotidiano. Como me disse uma paciente enlutada: "Nem sempre sofremos, mas nunca nos sentimos bem". F. Scott Fitzgerald descreveu perfeitamente as mil e uma derrotas desses momentos: "É preciso manter em equilíbrio a sensação de futilidade do esforço e a sensação de necessidade do combate"; "manter o eu como uma flecha lançada do nada para o nada"; "até o amor pelos próximos se torna uma tentativa de amor". É como um sopro de sofrimento depressivo, uma experiência durante a qual beiramos o colapso; uma experiência perigosa e exaustiva, que perdura e se instala quando não prestamos atenção.

Os mecanismos da desolação também são acompanhados por todo um conjunto de perdas:

- perda de relação tranquila com o futuro ("Haverá futuro e ele será habitável") e perda dos mundos possíveis que ainda não vivemos,
- perda da capacidade de ser feliz e, com isso, retorno das dores do passado, pois a felicidade desempenhava o papel de um anticiclone que afastava as nuvens das tristezas antigas,
- perda da leveza, da despreocupação,
- perda da confiança na vida e no mundo,
- perda das ilusões.

Esta última talvez seja o aspecto mais pungente de nossas desolações: ela revela que nossa felicidade repousa em várias ilusões, e que só pode ser assim. Precisamos de tempo e esforço para nos restabelecermos e construirmos uma nova filosofia de vida: aceitar que as ilusões não passam de ilusões, e mesmo assim saboreá-las. Tentar fazer como as crianças que sabem que o Papai Noel não existe, mas continuam, em sua sabedoria, fingindo acreditar, porque a vida é mais bonita assim.

***

Quando vivemos uma adversidade, finalmente nos lembramos de uma verdade ontológica: a solidão. Ninguém pode viver por nós e ninguém pode sofrer ou morrer em nosso lugar.

> **PRIMEIRAS MANHÃS DE INCREDULIDADE**
> Várias vezes ouvi de pessoas enlutadas, acidentadas ou que receberam o diagnóstico de uma doença grave a descrição de um momento muito particular nas manhãs seguintes ao fato, quando elas acordam e passam por um breve momento de hesitação: "Ainda estou no mesmo mundo de antes? De antes da morte de meu parceiro, do câncer, do acidente de carro?". Rapidamente, porém, a ilusão se dissipa: "Não, estou no mundo de depois, no mundo onde tudo o que considerava estável, certo, duradouro, merecido se partiu, rompeu-se, perdeu-se para sempre. Estou num novo mundo, um mundo onde o que foi quebrado não pode ser consertado, um mundo onde só posso ser consolado. E neste momento, o que pode me consolar?".

Perigos das desolações e riscos da inconsolação

Entre as consequências do infortúnio, a depressão vem em primeiro lugar – a desolação doentia, prolongada e interiorizada que aos poucos nos torna insensíveis a qualquer tipo de consolação. Existem depressões "reacionais", que ocorrem após acontecimentos dolorosos. Os psiquiatras sempre procuram estabelecer a fronteira entre a reação depressiva moderada e compreensível diante da adversidade, de um lado, que podemos nos contentar em vigiar e acompanhar, e, de outro, a reação doentia que precisa ser tratada ativamente. Essa fronteira talvez resida na capacidade de ser reconfortado ou não: quando toda forma de consolação permanece sem efeito, é sinal de gravidade.

Mas o risco mais frequente da desolação talvez seja a amargura. Ela pode vir de um sentimento de injustiça: "Não fiz nada errado, fiz inclusive o melhor que podia, mas mesmo assim o pior aconteceu". Essa sensação é frequente em pacientes interessados na "saúde ativa", que se envolvem em várias iniciativas de estilo de vida destinadas a deixá-los em boa saúde, mas que mesmo assim adoecem, embora estivessem fazendo o melhor que podiam para viver de forma saudável: câncer de pulmão numa mulher que não fuma, leucemia num homem que só come orgânicos.

Como não pensar "Por que eu?"? Como não sentir amargura em relação aos sortudos inconscientes de sua sorte, protegidos por seus genes robustos?

A luta contra os venenos da amargura e do ressentimento crônico em relação aos que não sofrem é uma necessidade em muitas pessoas mergulhadas na desolação. Como os pais que perdem um filho e encontram pais que têm os descendentes vivos e saudáveis. Sem querer, sem saber, os que não têm problemas de saúde e não estão sofrendo ofendem e ferem os que sofrem.

Lembro-me de uma mulher idosa que se dava bem com os vizinhos mais próximos, que tinham a mesma idade; ela dependia deles para vários pequenos serviços, mas sentia inveja e às vezes se irritava com a insolência da saúde e da vida de casados que exibiam, enquanto ela era viúva e padecia de vários tipos de câncer.

Outro perigo é o ressentimento que podemos sentir por nós mesmos: às vezes ficamos com raiva de continuar sofrendo sem conseguir acabar com o sofrimento. Culpamos a nós mesmos, como se tivéssemos uma doença autoimune de excesso de sofrimento, e toda a energia disponível se volta para a autodestruição, e não para a busca de consolação.

Um dos adágios de Erasmo nos lembra: "*Cor ne edito*",[17] "Não coma seu coração". Hoje diríamos: "Seja gentil consigo mesmo". Nós nos pouparíamos de muitos sofrimentos se, diante de uma dor que nos faz sentir impotentes, nossa reação fosse nos acalmar e não julgar a nós mesmos, buscando nosso consolo e não nossa responsabilidade.

Por fim, há a tentação de se perder na desolação. Por que somos atraídos pelo que acaba nos fazendo mal – queixas, ressentimentos, mágoas? Talvez porque no início isso nos faça bem, como um vício. Talvez porque, sem querer, pensemos que nossas queixas é que nos trarão reconforto e consolação. Ou talvez porque cedamos à fraqueza inerente à tristeza e ao perigoso alívio que ela oferece: na tristeza, existe um movimento de abandono, entrega e renúncia às lutas da vida, que no início de fato proporcionam certo alívio. Mas que às vezes nos levam a repelir a consolação, porque ela perturba o encontro a sós com nós mesmos, o conforto absurdo de nossos sofrimentos e nossas sombrias certezas de um destino diferente.

Nossa necessidade de consolação

A série de adversidades que acabamos de percorrer pode parecer desanimadora nos dias em que estamos frágeis ou choramingando em excesso, nos dias em que não nos sentimos fortes. Obviamente, não desejo desanimar ninguém nem dramatizar. Apenas abrir os olhos para o movimento de respiração de qualquer vida humana, que alterna entre desolações e consolações.

Ninguém deveria ser deixado sozinho em sofrimento. Um dia li uma frase terrível e sem sentido, que mencionava "as pessoas que não fazem falta a ninguém quando deixam de existir".[18] Ela me fez pensar nas pessoas que choram sozinhas num banco de praça pública ou num corredor de estação de metrô, e que ninguém consola ou ousa consolar: não conheço imagem mais forte de sofrimento e solidão.

Quando acompanho demais as notícias do mundo, quando fico abalado com algum comportamento humano, o que me reconforta e faz bem é pensar em toda a linda cadeia humana de consolações: proporcionar, receber e propagar consolação na sociedade. Penso em todos os benfeitores invisíveis da consolação. Nas permanentes correntes de reconforto dado e recebido, com sobriedade, discrição e humilde tranquilidade, que ajudam todo um grupo humano a aguentar firme. Sem a consolação, sem a expressão de bondade diante do sofrimento, sem a compaixão colocada em gestos e palavras, o mundo seria sinistro e duro, irrespirável. Diante do que nos desola e desola os outros, melhor consolar do que chorar.

Porque a consolação é um remédio no presente (ela o alivia) e no futuro (ela faz com que ele não pareça um prolongamento da desolação). E talvez mesmo um remédio no passado: a consolação de hoje apaga todos os sofrimentos não consolados de ontem, como o amor. O amor pode consolar, em um dia, todos os amores vacilantes e dolorosos do passado. E a consolação, como veremos, é uma das faces do amor.

Ele nos anunciou que o fim havia chegado

Ele pediu para nos sentarmos e colocarmos as mãos sobre a mesa. Pegou nossas quatro mãos e envolveu-as nas suas. Depois ergueu o rosto e, com os olhos cheios de lágrimas, anunciou que o fim havia chegado.

Laure Adler, relembrando o momento dilacerante em que o médico anunciou a seu marido e a ela que o filho deles iria morrer.[19]

O QUE NOS CONSOLA: A CRIAÇÃO DE VÍNCULOS

Felizes aqueles que sabem, de maneira intuitiva, para onde se voltar em momentos de desolação. Por muito tempo, esse não foi meu caso: a cada tristeza, a desorientação se somava ao sofrimento. Hoje estou convencido de que aprender o que pode nos consolar é uma das formas mais preciosas de sabedoria existencial.

Montaigne escreveu, a respeito de sua longa viagem pela Europa: "Sei muito bem do que fujo, mas não o que procuro…".[1] Da mesma forma, em nossa vida desejamos fugir da desolação, mas nem sempre sabemos onde reside a consolação. Mas a resposta é simples: a consolação está nos vínculos.

A desolação nos indispõe com o mundo, ao qual a adversidade confere uma face injusta e violenta; com os outros, que nos parecem inábeis, distantes, indiferentes, insuficientes, às vezes até responsáveis por uma parte de nosso sofrimento; conosco mesmos, pois com frequência nos culpamos por não conseguir ou saber evitar o que acontece.

A consolação é uma reconciliação, um novo vínculo com a vida, com os outros e consigo mesmo. As sensações dolorosas e negativas recuam, ou melhor, param de guiar nossa vida. "O objetivo da consolação não consiste tanto em cessar o sofrimento da pessoa que consolamos, mas em compensar sua impressão de separação e perda, abrindo-a, com gestos, palavras e atenções, para a sensação de pertencimento a uma comunidade."[2]

A tristeza nos separa do mundo, dos outros e de nós mesmos. A consolação restaura esse vínculo, com paciência e suavidade.

O vínculo com o mundo: a vida que recomeça

"A lucidez pode ser considerada um valor maior que a ilusão. Mas, seja como for e apesar dos pesares, o desejo de acreditar renasce como o sono e a sede, como o afeto do amor e como a vontade de ser feliz."[3] Com essa frase, Pascal Quignard sugere a existência, no fundo de nós mesmos, de um gosto pela vida, cedo ou tarde chamado a renascer.

É esse impulso, essa *vontade de ser feliz*, própria a todos os seres, que a consolação desperta. Como um desejo de acreditar de novo na vida, na vida possível, na vida bela, mesmo com todas as incertezas do presente.

Às vezes, palavras e cuidados intencionalmente dirigidos a nós podem nos consolar; e também esforços para que realizemos algo sozinhos. Mas – na maioria das vezes, talvez? – a consolação pode vir de coisas que nos tocam inadvertidamente.

Podemos ser consolados, ou simplesmente reconfortados, pelo céu azul, pela luz da manhã, pelo carinho de um olhar ou de um gesto; pela beleza de uma canção ou de um poema, por suas tristezas ou por sua fé na vida humana, no amor, e porque nos lembram de que todas as pessoas sofrem e que nunca somos tão semelhantes uns aos outros quanto no sofrimento.

Esse sofrimento, que faz com que nos pareçamos uns aos outros, também deveria, se a vida fosse lógica, aproximar-nos espontaneamente uns dos outros; isso nem sempre acontece, e essa aproximação muitas vezes exige esforço, como veremos. Mas voltemos às consolações que parecem caídas do céu.

Se prestarmos atenção, descobriremos que a vida nos oferece seus remédios a todo instante: ela pode nos curar justamente porque é a vida. Quando caminhamos por uma floresta, passamos por muitas plantas de virtudes medicinais, sem vê-las; da mesma forma, quando atravessamos nossos dias, passamos por muitas fontes de consolação.

Sermos consolados por um mundo que não se preocupa conosco é um paradoxo: o universo é indiferente a nossos males, a nossa história, a nossa vida. No entanto, ele pode nos tranquilizar com sua simples presença. Conseguimos imaginar, nesses momentos, que sua indiferença não é indiferente, mas um lembrete calmo e discreto da impermanência de nossos pesares. Veja a carta que Rosa Luxemburgo, política e revolucionária alemã, escreveu da prisão, evocando lembranças da época em que estava livre; ela foi assassinada por seus carcereiros em 1919:

> *Quando passeio pelas ruas de minha Südende num agradável dia de primavera [...] sem destino, bocejando [sic] às gralhas e aspirando a vida [...], e quando se ouve, vindo das casas, o barulho dos colchões batidos para a Páscoa, uma galinha cacarejando aos berros em algum lugar, estudantes se provocando ao voltar para casa [...] um bonde arquejante lançando aos ares seu pequeno apito de saudação [...], então meu coração se alegra com tudo, com os mínimos detalhes. [...] Como aquela voz estridente e aquela conversa idiota são simpáticas! E como gosto que aquele senhor vá às 5 horas para algum lugar. Quase sinto vontade de lhe gritar: Cumprimente – não sei quem – por mim. Quem o senhor quiser! [...] Sem dúvida pareço um pouco estranha, com meu rosto brilhando de felicidade. Mas pouco importa! Haverá maior felicidade do que flanar assim na rua sob o sol da primavera?*[4]

Contemplar a vida pode nos consolar. Mas não quando somos obrigados: a contemplação precisa partir de nós, precisa ser *autoproduzida*. Caso contrário, as certezas se tornam ofensas: "Como assim, minha dor consolada por pequenos nadas?".

A chave de nossa jaula de tristeza está a nosso alcance: nós é que precisamos estender a mão para pegá-la. A consolação é um trabalho de libertação: libertamo-nos da aflição. A vida, por menor que seja o que lhe peçamos, está sempre disposta a ajudar; mas primeiramente precisamos sair de nossa prisão mental.

A vida não está nem aí para nossas dores, e é isso que nos faz bem. Que ela continue assim, e que siga seu caminho! E que nesse caminho haja pássaros cantando, sol brilhando, céu azul, nuvens bonitas passando num silêncio misterioso. A vida não está nem aí para nossos sofrimentos. E talvez ela nos console justamente por causa disso, ao menos em certos momentos. A vida talvez seja mais eficaz do que palavras inábeis e previsíveis, palavras inoperantes que se querem profundamente reparadoras, porque ela é indiferente e bondosa ao mesmo tempo. Mas a consolação não é uma reparação. Ela é uma razão para continuar vivendo quando nada, ou quase nada, pode ser reparado.

A vida que cura

Quando estamos mal, é difícil sermos consolados pelos pequenos momentos de alegria e tranquilidade do cotidiano: a beleza, a gentileza, uma flor, uma brisa, palavras amigáveis... Quando fechamos nosso coração para resistir ao sofrimento, também o fechamos para a felicidade, que poderia nos distrair, aliviar nossa dor e até mesmo nos salvar, abrindo nossos olhos para a seguinte verdade: nossa vida será sempre uma mistura de alegria e dor.

Podemos ser consolados de tudo que não está mais aqui por tudo que ainda está aqui. E devemos nos perguntar se, de tudo que nos falta, uma parte já não está diante de nossos olhos, ao alcance de nossas mãos. A ideia da "vida que cura" nos ensina, ou pode ensinar, a necessidade da receptividade e da humildade: tentar, apesar da dor, vincular-se ao mundo como uma pessoa que sofre; aceitar se desprender de um sofrimento que nos singulariza e diferencia, mas que nos isola, para voltar a ser comum, insignificante e inexistente, menos interessante do que aquilo que nos cerca.

Pode haver uma forma de pecado do orgulho no sofrimento, ao menos em certas maneiras de sofrer. Pois a dor faz – involuntariamente, é claro – o mundo girar em torno de nós mesmos e de nosso umbigo sofrido: "O sofrimento [...] fecha o coração para tudo que não for ele".[5] Aceitar a consolação da vida é um movimento complicado: trata-se não apenas de renunciar a uma reparação concreta (mais uma vez, a consolação não devolve o que se rompeu ou já passou), mas também de renunciar em parte a si mesmo, e aceitar esquecer-se, invisibilizar-se, apagar-se.

CONSOLAÇÃO DO TEMPO QUE PASSA

Numa manhã de domingo de primavera, bem cedo, uma mãe (ou um pai) volta da padaria com croissants para a família; os filhos são grandes, estudam na universidade; faz algum tempo que saíram de casa, mas voltaram no dia anterior para uma festa familiar e ficaram para dormir, como antigamente. Apesar daquele momento feliz, a mãe sente uma ponta de tristeza: o tempo passa tão rapidamente! Ela se lembra daquele mesmo lugar vinte anos antes, quando seus filhos a acompanhavam à padaria de mãos dadas; eles pediam para segurar o pão, e ela via que eles, tentando disfarçar, mordiscavam pedaços de croissant às escondidas; ela fingia não notar nada e, chegando em casa, repetia sempre a mesma coisa: "Como assim?! Quem comeu a ponta dos croissants? Vou reclamar na padaria!".

Naquela manhã, o trajeto era o mesmo, mas tudo havia mudado. Nada de ruim acontecera, todos estavam bem, todos viviam bem. Mas o tempo passara. A tristeza despontava, leve, mas talvez tenaz, como uma garoa que não molha, mas que mesmo assim... O que fazer? Deixar-se levar? Consolar-se? Sem drama, em todo caso. Está tudo bem, não esqueça!

Como encontrar consolações tão leves quanto a tristeza? Simples: sorrindo e aceitando. O que passou já foi vivido, e foi bom. A mãe se detém por um instante e olha para o céu, para as casas, para o campanário da igreja ao fim da rua. Ela fica feliz de que tudo esteja no lugar, de que tudo seja bonito e agradável. Ela fica feliz de ter chegado até ali em sua vida, com as adversidades normais de toda vida humana, e alguns dramas também... Ela saboreia a beleza das lembranças e do passado; ela saboreia a doçura do momento presente. Ela terá outros momentos bons para viver. E, mesmo se não tiver, terá valido a pena, não?

Ideias consolatórias
(lista de coisas triviais e reconfortantes)

Ver um cachorro correndo na praia, absolutamente feliz, voltando para seu dono, pulando ao redor dele, cheio de amor, depois disparando de novo, sem nunca se cansar de tudo o que o alegra. A admirável simplicidade da felicidade canina é inacessível para nós, humanos, no longo prazo. Mas de tempos em tempos ela nos dá vontade de sair correndo como desvairados, absolutamente confiantes e consolados de tudo.

Lembrar-se de todas as vezes em que nos acreditamos perdidos e tudo acabou dando certo.

Para os fãs de esportes: entregar-se a uma felicidade infantil e ingênua quando seu time preferido ganha ou joga bem. Trivial. Mas consolador. A vida segue a mesma, com os mesmos pesares e problemas, mas o coração se torna mais leve graças a algo de pequeníssima importância.

Refletir sobre o menino em tratamento de leucemia que diz à psicóloga: "Quando eu morrer, não vou estar doente". Sentar-se, chorar, pensar nele com força, onde quer que ele esteja, enviando-lhe todo o amor que couber em nosso coração, agora mesmo.

Dizer para nós mesmos que depois de mortos nunca mais teremos dor de dente. Meu dente dói enquanto escrevo estas linhas, e por isso penso na música de Brassens, "Le Testament":

Deixei a vida sem rancor,
Nunca mais terei dor de dente:
Estou na vala comum,
A vala comum do tempo…

A ideia de que existe um lugar onde nunca terei dor de dente me consola. É verdade que antes precisarei enfrentar a morte. Mas depois da morte finalmente saberei se há algo a saber; e se não houver nada, não será tão grave. É isso o que passa pela minha cabeça agora. E que me consola de minha dor de dente. Adoro o cérebro humano.

Ser surpreendido pelo céu azul que de repente surge entre as nuvens.	**Sentir-se em paz com todo mundo.**
	Sentir-se em paz com o mundo.
Receber uma carta de um amigo, que nos diz estar feliz.	**Sentir-se amado, valorizado, estimado.**
Fazer o bem a alguém.	**Fazer o bem a alguém.**

Pensar em Rosa Luxemburgo, que da prisão escrevia cartas cheias de alegria e vida aos amigos. E que lhes puxava a orelha quando se queixavam por pouco: "Falemos de sua carta. O tom abatido não me agradou muito. Que tipo de lamúria é essa, sobre filhos que ainda nem colocaram o nariz no mundo…! Pfff, Gertrud, isso não adianta nada. […] Devemos trabalhar e fazer o possível, quanto ao resto, olhar para tudo com leveza e bom humor. Não tornamos a vida melhor sendo amargos".[6] Quando li essas linhas pela primeira vez, fiquei comovido. Mas pensei: "Ah, não sou nem um pouco assim, que força interior incrível a dessa pequena mulher!" (Rosa tinha 1,50 metro). E senti emoção e alívio egoísta quando li, algumas páginas depois:

> "Ontem, antes de adormecer, em meu belo equilíbrio construído com tanta dificuldade, fui invadida por um desespero muito mais sombrio que a noite."[7]

Não era um dom, mas esforço.
Tentar tê-la como inspiração.

Terminar uma tarefa ou ficar absorto numa tarefa que suspende a dor e nos devolve à ação, à vida. Lembrar-se das coisas belas.

Entregar-se a uma nostalgia sem comparações com o presente, sem julgamento, apenas para se sentir bem, por um instante.

Sorrir, mesmo quando nos sentimos tristes. Aqui também, não esperar nada do sorriso, apenas sorrir. Por um tempo longo o suficiente, de forma leve, discreta. O sorriso não precisa ser visto de fora. Treinar um sorriso leve, sem crispação, sem ostentação, e observar seus efeitos.

Lembrar-se de todas as vezes que sentimos felicidade em meio à tristeza. Ao escrever estas linhas, lembro-me do enterro de meu sogro, de quem gostava muito: vacilei sob o peso do caixão, que carregava junto com sobrinhos e primos; para não chorar na frente de todos, agarrei-me a isso, ao peso enorme do caixão, à sensação de fraqueza física e, também, à felicidade desesperada de acompanhá-lo fisicamente o mais longe possível em sua última viagem.

Praticar o exercício do sim e do não, e sua simplificação extrema e salvadora: "Sim, tenho problemas e dores; não, ainda não morri, e nem tudo está perdido".

Quando estiver triste, fazer alguma coisa.

Sorrir, respirar, olhar para o céu. Ao mesmo tempo. Prolongar esse gesto o máximo possível. Observar a vontade de voltar para o que nos entristece, mas aguentar mais um pouco, só para ver.

Acolher as palavras comuns, simples e sem ambição, mas cheias de afeto, que recebemos quando estamos tristes: "Estou aqui", "Penso em você", "Pode contar comigo".

Observar o movimento das ondas do mar batendo numa barreira e voltando para trás: é como se as ondas tentassem acalmar a si mesmas com esse movimento regular, para não quebrar tudo, destruir tudo, acabar com tudo.

Pronunciá-las para outras pessoas em sofrimento quando chegar a hora. Superar nossa reserva, nossos hábitos de pudor e introversão, perder o medo de chorar ao dizê-las.

Numa manhã em que a preocupação nos acordar cedo demais, olhar pela janela e ver o sol nascer, ouvir os pássaros começando a cantar, a cidade voltando à vida; não há nenhuma solução no horizonte, mas um pouco de consolação, porque nos contentamos em viver o momento presente.

O vínculo com os outros: consoladoras e consoladores

A pessoa que precisa ser consolada é sempre uma pessoa isolada em seu sofrimento. A consolação volta a vinculá-la à comunidade humana. Consolar é reunificar, trazer para perto de seus semelhantes.

O sofrimento isola, o vínculo consola. É verdade que todos os laços, sejam eles de amor, afeto, amizade – até mesmo um sorriso, uma conversa, um olhar acolhedor –, podem consolar, atenuando de maneira leve ou fugaz a solidão associada ao sofrimento.

Sentir-se amado, valorizado e apoiado sempre nos consola, mesmo quando não temos forças para receber plenamente esse amor e esse apoio, forças para responder como gostaríamos, como deveríamos. Mesmo assim, somos nutridos. É por isso que os consoladores não devem esperar agradecimentos ou respostas. Apenas expressar seu afeto e se manter à disposição.

Nascidos para consolar

A capacidade de consolar é uma das habilidades com que os humanos foram *equipados* ao nascer. Ele é o fim de uma rede de habilidades cerebrais que vai da empatia (capacidade biológica de sentir o sofrimento do outro) à compaixão (associação da empatia ao desejo de ajudar, para diminuir o sofrimento). De certo modo, a consolação é a compaixão colocada em prática. Basta nossa cultura e nossa educação desenvolverem essas capacidades inatas, transformando-as em valores existenciais; com o tempo, nossas experiências de vida e consolação, recebidas ou dadas, podem alimentá-las e aumentá-las.

Somos uma espécie consoladora. Já falamos da necessidade ontológica de consolação, ligada à condição humana e à consciência da morte, e do sofrimento do outro. Mas também decidimos reconfortar nossos semelhantes: diante de alguém que chora, com frequência sentimos brotar em nós, em nosso corpo, a vontade de colocar a mão em seu ombro ou abraçá-lo; em nossa boca, a vontade de dizer palavras reconfortantes. Para permitir que isso aconteça, precisamos erguer o freio de mão do pudor, da inibição, do medo de agir erroneamente.

Do ponto de vista da psicologia evolucionista, ser capaz de consolar seus semelhantes é uma vantagem adaptativa para todas as espécies animais. Os indivíduos apoiados e consolados por um grupo não permanecem tristes de maneira prolongada e doentia; eles não se deixam morrer de tristeza e recuperam o vínculo e a ação; e, mais prosaicamente, eles voltam a se tornar "úteis" para o grupo e não desmotivam os outros por contágio emocional.

Um nível grande demais de indiferença pela dor do outro é não apenas penoso e entristecedor no plano moral, mas também, no plano social, destruidor dos grupos nos quais domina. Como a felicidade, a consolação não é um luxo, mas uma necessidade: sem a felicidade, que volta regularmente a nossa vida, não teríamos energia para enfrentar provações e dificuldades; sem a consolação, nós nos sentiríamos cada vez mais sozinhos, inquietos, frágeis e vulneráveis diante das adversidades.

▶ RECONCILIAÇÕES E CONSOLAÇÕES EM NOSSOS PRIMOS

Nossa capacidade de consolar, enquanto espécie, não é exclusividade nossa, nós a compartilhamos com outros primatas. Os etólogos a estudaram entre os chimpanzés: depois de um conflito dentro de um mesmo grupo, observam-se condutas de reconciliação (beijos na boca) entre os protagonistas

> que lutaram ou brigaram, mas também comportamentos de consolação (abraços) por parte dos outros chimpanzés para com os combatentes – na maioria das vezes, dirigidos àquele que perdeu, mas também ao vitorioso, para reconfortá-lo de seu estresse e acalmá-lo.[8] Nas espécies de símios menos socializadas, como no gênero *Macaca*, os indivíduos que testemunham conflitos se afastam (para não serem mordidos e atacados).[9] Quanto mais socializada a comunidade, por meio de interações ricas e densas, onde reine uma confiança mútua nas capacidades de autocontrole do grupo e dos indivíduos, maior o espaço para reconciliações e consolações.

A capacidade natural dos seres humanos para a consolação pode ser observada em trabalhos sobre a empatia em crianças pequenas: diante de outras crianças que choram, mesmo desconhecidas, as crianças pequenas se esforçam para consolá-las da forma como elas mesmas gostariam de ser consoladas, por exemplo, buscando suas próprias mães ou oferecendo-lhes algum brinquedo.[10] A infância é nossa idade de maior vulnerabilidade e menor experiência de vida e adversidades: é por isso que precisamos muito de consolação.

Uma criança consolada sabe que pode contar com os adultos (e, mais tarde, com seus próximos) em caso de dificuldade. Ela também aprende, de maneira mais sutil, que é normal falhar e se machucar quando nos chocamos com a vida, mas que pode viver sem medo, pois a possibilidade de reconforto existe. Essa é uma bela herança das histórias felizes de consolação infantil: não vemos o sofrimento como um fracasso sistemático, nem o fracasso como uma fraqueza ou uma condenação à solidão.

Talvez seja por causa de suas raízes infantis que a consolação nos aproxime da infância e nos lembre do seguinte: todo adulto é uma criança que não se viu crescer, que cresceu rápido demais, que de repente se descobre sendo chamado de "senhora" ou "senhor", que sempre se espanta com suas rugas, seus cabelos brancos, suas fraquezas. Para aceitar ser consolado, é preciso aceitar ser tão impotente e frágil quanto uma criança, é preciso abrir mão de seus hábitos de adulto, de seus trejeitos de maturidade, de seu costume de potência, de sua máscara de força, de suas certezas. O que caracteriza a criança é ela com frequência se sentir incapaz de enfrentar, sozinha, as dores e os sofrimentos, e não hesitar em pedir ajuda e confiar em quem a consola. Assim, e isso costuma ser preocupante e mesmo desagradável para nós, impotência e confiança são dois sentimentos que precisamos aceitar para sermos consolados.

O desejo de consolação não depende apenas da empatia, da compreensão, do desejo de aliviar ou de fazer o bem. Tudo isso existe, sem dúvida, mas também tudo que vai além disso: a consolação é um ato de fraternidade, graças ao qual nos sentimos menos sozinhos no mundo, quer sejamos os consolados ou os consoladores; pois todo consolador pressente que um dia será sua vez de sofrer.

Os mundos dos consoladores e consolados não são tão diferentes: as pessoas oscilam de um papel a outro dependendo das provações com que se deparam em seus caminhos. Às vezes, o sofrimento dos outros nos toca e comove, porque sabemos que poderia acontecer conosco. Ou porque aconteceu um dia, ou porque acontecerá amanhã.

A consolação também depende da interdependência: ela permite receber do outro aquilo que eu mesmo – no momento, ao menos – não consigo produzir por mim (ou apenas de maneira incompleta). O sofrimento fragiliza, a consolação humaniza. Ela nos lembra que ser humano é pertencer a uma comunidade onde todos precisam de todos.

▶ O MOVIMENTO NATURAL DO CORPO NA CONSOLAÇÃO

Estamos em maio de 2021. Milhares de refugiados tentam cruzar a fronteira da Europa na altura do enclave espanhol de Ceuta, na África, na costa norte do Marrocos. Uma cena comovente é filmada e compartilhada nas redes sociais, mostrando a que ponto os gestos de consolação são espontâneos e universais. Um homem, originário da África subsaariana, esquelético e coberto de poeira, está sentado, exausto, sobre uma rocha; acocorada, de frente para ele, uma jovem voluntária da Cruz Vermelha espanhola lhe dá de beber e bate gentilmente em sua nuca para reconfortá-lo, tanto ele parece perdido e assustado. O gesto amigável leva o homem a se inclinar na direção da jovem e a descansar a cabeça em seu ombro, talvez para cair no choro, de cansaço e emoção. Depois de um tempo de hesitação, ela acaricia seus cabelos, como uma mãe faria com o filho. Então ele se deixa relaxar e a abraça de maneira natural e pudica. Eles ficam assim por alguns segundos, ele abraçado a ela, ela passando a mão em seus cabelos e em sua nuca. Desconhecidos um do outro antes daquele encontro, ambos encontram os gestos automáticos, ancestrais e transformadores de toda consolação, ele como o consolado, ela como a consoladora. E eles despertam no coração de todas as pessoas que veem a cena um soluço terno e comovido, de admiração e compaixão.

Laços que consolam

Como a consolação age, se a realidade não é transformada? Ela é uma construção comum entre o consolador e o consolado: um vínculo se forma. E esse vínculo nos faz bem, como numa terapia ou num tratamento – mesmo quando o "remédio" (aqui, as palavras que ajudam a relativizar, a restabelecer) não "funciona" tão bem. Por meio da consolação, declaramos nosso amor e nosso afeto, nossa amizade e nossa proximidade.

Se o vínculo consola, abrir-se a esse vínculo supõe abrir-se à pessoa que consola. Os gestos de consolação são sempre simples, as palavras, banais: a maneira como as acolhemos é que não é. De quem facilmente aceitamos a consolação?

De nossos familiares, é claro: porque eles nos amam, e sua simples presença nos é benéfica.

De profissionais – sejam eles médicos ou psicólogos, sejam padres, imames, rabinos ou outros –, porque já consolaram várias outras pessoas. Porque consolam os maiores sofrimentos – os do luto –, como Delphine Horvilleur, que fala sobre o que acredita ser seu papel: "Acompanhar os enlutados, não para ensinar alguma coisa que eles já sabem, mas para traduzir o que eles mesmos nos disseram, para que eles também possam ouvir".[11] Esses profissionais sabem ouvir os enlutados e restituir-lhes, com suavidade e esperança, uma imagem pacífica dos que se foram.

E de nossos amigos: "Quanto mais envelheço, mais vejo que só podemos viver com aqueles que nos libertam, que nos amam com um afeto tão leve de carregar quanto forte de sentir. A vida de hoje é dura demais, amarga demais e cansativa demais para que ainda por cima vivamos novas servidões, vindas de quem amamos [...] É por isso que sou seu amigo, amo sua felicidade, sua liberdade, sua aventura, em suma, e gostaria de ser o companheiro em quem você sempre pode confiar".[12] Albert Camus escreveu isso a René Char, buscando junto ao amigo um pouco de consolo: tinha passado o verão na Normandia para tentar escrever e não produzira nada ("Não fiz nada nesse verão, com o qual eu contava, no entanto. E essa esterilidade, essa insensibilidade súbita e duradoura me afeta bastante").

Os dois autores tiveram uma bela amizade e mantiveram uma longa correspondência, de 1946 a 1959, até pouco antes da morte de Camus. A leitura dessas trocas permite entender como a consolação também pode ser exercida à distância (embora eles se vissem regularmente): "Penso bastante em você, em nossa amizade. O Tempo afrouxa sua hostilidade; minhas mãos deixaram de ficar tristes. Um pouco de infância e refúgio reaquecem meu coração perdido".[13] Eles se ajudavam com incentivos à escrita: "Cure-se logo e frutifique".[14] O que podemos desejar de mais bonito a um amigo escritor além de *frutificar* em seus escritos? Eles se parabenizavam por seus livros, como Char a Camus depois da publicação de *A peste*: "Você escreveu um *grande livro*. As crianças podem voltar a crescer, as quimeras, a respirar".[15]

"Um afeto tão leve de carregar quanto forte de sentir": isso se aplica à amizade e à consolação, que deve ser tão leve de ouvir quanto forte de sentir. Entre nossos amigos, alguns são bons consoladores, outros, não. Um amigo não serve apenas para consolar, mas talvez seja a pessoa mais indicada a fazê-lo: porque se mantém à distância exata, é capaz de não se perder em nosso sofrimento e de não nos deixar nele sozinhos.

Também podemos aceitar a consolação de outra pessoa que sofre, que já viveu o que vivemos. Para além das provações semelhantes, já passou por elas e pensou sobre elas. Pois o que esperamos dos que sofreram como nós não são lições de postura ou resiliência diante da adversidade, mas uma cumplicidade sóbria, na qual um silêncio compartilhado, um suspiro, um sorriso, um olhar dizem tudo sobre a fraternidade do sofrimento.

Por fim, a consolação pode vir de qualquer de nossos semelhantes, a todo momento. Se houver sinceridade e espontaneidade, a graça virá.

■ NO CORREDOR DO CENTRO CIRÚRGICO (RELATO DE UMA PACIENTE)

Sou levada para o centro cirúrgico para ser operada. Sei que é um momento importante de minha vida, sobre o qual não tenho mais nenhuma influência, não passo de um corpo doente levado para uma cirurgia que espero salvadora. Não me iludo, para o bem ou para o mal; apenas impeço-me de pensar, ou melhor, desvio de meus pensamentos, de todos os pensamentos, não é o momento de pensar, e não tenho certeza de conseguir lidar com tudo o que pode aparecer. Então me limito às sensações, contento-me em olhar, ouvir, sentir; sinto-me impotente, solitária. Receptiva a tudo, sensível, indefesa, como um recém-nascido. Toda forma de gentileza vinda da equipe médica – sorrisos, palavras de reconforto, gracejos carinhosos e encorajadores, delicadezas no modo

> de empurrar a maca ou de colocar meu corpo sobre a mesa de cirurgia –, tudo me comove e me reconforta quando feito de maneira humana e fraterna. Mais tarde, uma amiga, na mesma situação, contou-me a mesma coisa: ela estava na maca, antes da operação, no corredor do centro cirúrgico; uma mulher esperava, também deitada, bem a seu lado; elas se olharam, sorriram uma para a outra, sem se falar; aquele olhar e aquela sororidade diante da doença a reconfortaram, fizeram-lhe bem. Não se sentir sozinho, às vezes, é suficiente para nos fazer aguentar firme. A sensação de solidão sempre amplifica o medo e a dor.

Consolações à distância

Outra maneira de se sentir consolado: no distanciamento de uma solidão deliberada.

Quando os introvertidos estão em sofrimento, eles às vezes se veem sufocados pelo excesso de consolação. E sentem uma necessidade de recuo e distância: respirar um pouco, recolocar as ideias em ordem, ficar em silêncio. Nada a ver com o isolamento do abandono, da não consolação. A solidão deliberada é quando outras pessoas estão dispostas a nos consolar, quando isso nos toca e faz bem, mas não estamos prontos para receber suas palavras; então nos afastamos, ao menos por um tempo.

A solidão deliberada permanece consoladora pelo vínculo, pela sensação de presença à distância: estar com os outros, mas não entre eles, manter-se um pouco à parte; sentir que temos nosso lugar, mas ficar sozinho para digerir e compreender, depois escolher o momento certo para se aproximar e dialogar.

A consolação à distância pode ser ainda mais potente que a consolação de proximidade. Nós a imaginamos, nutrindo-a com uma mistura surpreendente de sofrimento e de certeza de sermos amados – e por isso essa consolação imaginária é perfeita, mais do que uma presença pode ser.

Gustave Thibon esclarece esse fenômeno espantoso: "Presente, você se mantém dentro de seus limites, você é apenas você mesmo, e o resto do universo me distrai de você. Ausente, você está em toda parte, como Deus; nada o contém, e tudo o evoca. Isso me ajuda a compreender a ausência onipresente de Deus".[16] Ausência onipresente também do amor que recebemos, quando escolhemos ficar sozinhos. Quando as pessoas que amamos e que nos amam estão longe, elas estão totalmente dentro de nós, o tempo todo. É por isso – mas essa é outra história – que o amor pode se alimentar da distância e muitas vezes se regenerar com ela. Purificado de toda forma de possessividade, de apego tóxico. A consolação à distância, por sua vez, é purificada de toda falta de jeito: seus fantasmas são bondosos e nunca dizem disparates.

Pessoas consoladoras

Por fim, existe a consolação das pessoas que nos inspiram por suas palavras, suas maneiras de viver, mesmo quando essas palavras não são dirigidas a nós, mesmo quando essas maneiras não são destinadas a nós.

O poeta Christian Bobin nos oferece palavras consoladoras desse tipo o tempo todo, como numa entrevista para o jornalista apaixonado por livros François Busnel[17]:

> **François Busnel**: E como o senhor vive os dias em que não acontece nada?
> **Christian Bobin**: Minha cara deve ficar um pouco carrancuda, amarrotada, nesses dias. Como um papel amassado. Então espero. Só isso, espero. Sem impaciência. É a única sabedoria que tenho.
> **F.B.**: A espera é uma sabedoria?
> **C.B.**: Sim, a espera. Porque sei, por experiência própria, que as portas fechadas voltam a se abrir.

Palavras simples, palavras fortes: "As portas fechadas voltam a se abrir". Lidas durante a dor e na graça de um momento de receptividade, elas podem gerar um sopro de reconforto.

***

Também podemos ser consolados por histórias de pessoas que passam pelas mesmas dificuldades e se esforçam para continuar vivendo da melhor maneira possível. Consolados por pessoas que enfrentam com calma e inteligência doenças mortais, lutas ou deficiências: não porque nos sentimos aliviados ("Ainda bem que não é comigo!"), mas porque nos sentimos inspirados ("Quanta força e quanta dignidade! Em que posso me espelhar?").

Sim, a consolação é um novo vínculo com o gênero humano, capaz de apaziguar todas as nossas dores. Como você, muitas vezes fico entristecido pelo espetáculo dos desentendimentos entre pessoas, famílias, países, religiões. Desanimado. Desolado. Aflito, às vezes. Até que ouço uma história que me alegra e consola.

Como a história que ouvi durante um colóquio, contada por um homem luminoso, o irmão Guillaume[18]: missionário em Bangladesh, ele nos disse que a maioria dos muçulmanos com que cruzava, nos bairros pobres onde trabalhava, viviam sua fé sem integrismo, como uma cultura, uma tradição, uma identidade, um conjunto de regras de vida simples em busca de acolhimento e bondade. Um dia, um de seus vizinhos, admirado com sua bondade e sua generosidade para com os necessitados, disse-lhe: "Vocês, cristãos, são verdadeiros muçulmanos!". Uma constatação de fraternidade, engraçada e sincera.

Senti-me consolado, voltei a confiar no futuro da humanidade, graças às pessoas de boa vontade. Que são mais numerosas, mas também menos barulhentas, menos visíveis. Às vezes me irrito com nosso cérebro, tão sensível aos perigos e tão cego ao bem. E depois digo para mim mesmo que eles, os bons, no fim sempre ganham; mesmo quando o fim ainda está longe.

O vínculo interno: consolar a si mesmo

"Precisamos nos aplicar ao consolo de nós mesmos, em vez de nos atirarmos ao sofrimento como a um abismo. E os que se aplicarem de boa-fé serão muito mais rapidamente consolados do que imaginam."[19] Gosto dessas palavras do filósofo Alain. E gosto do verbo que ele utiliza, "aplicar-se", um tanto antiquado, que lembra a escola (aplicar-se a escrever corretamente no caderno) e evoca um esforço com afinco, nem sempre fácil.

Assim que nos recuperamos de um golpe sofrido, melhor se reconfortar do que se deixar escorregar; e preferir a consolação à ruminação. Fazer o melhor que podemos, em todo caso, para voltarmos nossa mente a essa direção. À espera de ajuda, podemos nos preparar para receber a consolação vinda de fora, esforçando-nos – perdão, aplicando-nos – para obter uma consolação vinda de dentro.

▎AUTOCONSOLAÇÃO

É uma manhã em que me sinto desanimado. Tristonho. Tenho meus motivos, é claro, preocupações bem concretas. Mas de que adianta me arrastar o dia todo com uma tristeza que, pressinto, vai se instalar de vez em minha mente se eu não fizer nada? Porque meu cérebro é muito bom nisso, na ruminação, em ficar repassando emoções negativas e pensamentos tristes;

se eu soltar as rédeas, ele vai até o fundo, em especial quando encontra combustível, como agora: preocupações reais, não apenas uma melancolia caída do céu. E quando a tristeza começa – sei disso por experiência própria e como terapeuta –, ela pode durar horas, às vezes dias.

Então decido que não, vou me insurgir, me autoconsolar! Sim, tenho problemas. Não, não quero remoê-los o dia todo. Vou ao menos tentar. Sei que quando nossas preocupações ou pequenas depressões não são muito intensas, podemos tentar não nos deixar levar, com pequenos esforços que estão a nosso alcance.

A ideia é simples: primeiramente sorrir, de leve, pensando que houve, que ainda há e que haverá um amanhã cheio de coisas boas em minha vida. Depois, me movimentar: acima de tudo, não me atirar num sofá e ruminar. Levanto-me, coloco um disco de jazz cheio de energia vibrante, cantarolo em voz alta, dou alguns passos de dança e arrumo um pouco a sala a meu redor. Decido que hoje subirei todas as escadas que encontrar, saltitando e sem me arrastar. Penso que seria bom sair ao ar livre, por alguns minutos, saborear o fato de estar vivo, mesmo com minhas preocupações. Melhor do que estar morto e não ter nenhuma, não é mesmo?

E funciona! Nesta manhã, em todo caso. Ah, veja bem: esses pequenos esforços não me mergulham numa alegria profunda, não me levam a uma felicidade etérea. Mas estou melhor, sinto-me melhor. Volto aos trilhos da vida. É sempre assim. Aproveito para me proporcionar quinze minutos de meditação de atenção plena. Para não fazer nada, sentir, observar, saborear o momento, sem expectativas. Ao contrário do que costumamos pensar, na queixa e na melancolia não há apenas desânimo, há também expectativa. Pensamos: "Se ao menos pudesse não estar com esse problema" ou "Se ao menos pudesse encontrar uma solução". E logo acabamos com

> qualquer possibilidade de saída: "Mas não, claro que não há solução, nunca haverá".
>
> Acompanho a sucessão de pensamentos, esperanças e desesperanças, e deixo-os passar e secar por falta de combustível. O combustível é minha participação. Decido permitir que eles existam, sem apoiá-los ("Sim, é terrível o que está acontecendo comigo") ou contestá-los ("Preciso muito sair dessa"). Que eles continuem sem mim. Agora, faço algo mais importante: sinto a vida dentro de mim, sinto o mundo a meu redor. E por enquanto isso é suficiente para minha felicidade. Uma pequena felicidade limitada, fraca, um tanto inquieta. Mas uma pequena felicidade consolada, infinitamente mais agradável do que a melancolia do início do dia.[20]

Quais os ingredientes da autoconsolação?

■ *Considerar a tristeza e o sofrimento pelo que eles são: estados mentais*

Saber que eles também são estados corporais, que os manifestam e traduzem, ligados a uma adversidade. Deixar de lado, momentaneamente, a adversidade e a busca de soluções, se não tivermos encontrado nenhuma. E aceitar a realidade do sofrimento. Perguntar-se se queremos nos entregar a ele, se é uma boa ideia. Pois permitir-se sofrer talvez seja uma boa ideia, mesmo com tristeza e lágrimas; às vezes, o primeiro momento de abatimento é um momento benéfico. Depois, aos poucos, podemos nos afastar e tentar nos perguntar se temos algo a nosso alcance, algo delicado, simples, para fazer ou viver.

■ *Organizar-se internamente*

No romance *Michael Kohlhaas* (1810), Heinrich von Kleist escreve uma frase lapidar: "Do fundo de sua dor por ver o mundo em tão monstruosa desordem, surgia a satisfação secreta de sentir a ordem reinando em seu coração".[21] Quanto mais a desolação se apresenta na forma de um tumulto e de uma desordem ilegível e pouco compreensível, mais teremos de clarear nossos estados de espírito e nossas sensações, mais teremos de dar palavras (escrevendo-as, por exemplo) ao que vemos, ao que vivemos, ao que compreendemos – sabendo que elas são apenas referências transitórias, mas, ainda assim, referências.

Esta costuma ser uma das bases do trabalho psicoterapêutico: ajudar os pacientes a pensar sobre si mesmos e a dar ordem e sentido ao que acontece em sua vida; nomear os acontecimentos, identificar as reações a esses acontecimentos, perceber os automatismos do passado ou de decisões do presente etc. Sempre fiquei impressionado ao constatar que, muitas vezes, o momento da consulta era o único em que meus pacientes se permitiam fazer essa reflexão e essa reorganização interna: no resto do tempo, eles apenas agiam ou se distraíam, sem pensar na condução da vida. A desordem interna não é grave quando estamos felizes, mas é tóxica quando estamos infelizes. Organizar a própria mente é como organizar a sala quando nos sentimos melancólicos: ajuda-nos a ver com clareza e a nos sentir mais leves, menos oprimidos.

Sorrir na tristeza

Quando estamos felizes, nosso rosto sorri. Mas o inverso também é verdade: quando sorrimos, aumentamos (um pouco) nosso bem-estar. Em linguagem científica, essa é a chamada retroalimentação. E vários estudos confirmam que a ação do sorriso sobre nosso humor não é uma ilusão, mas uma realidade.[22] Devemos nos *forçar* a sorrir quando estamos infelizes, para combater a tristeza? Não, claro que não. Em contrapartida, *permitir-se* sorrir, mesmo em meio à tristeza, quando a vida nos oferece um momento tocante, comovente, enternecedor ou simplesmente belo é uma boa ideia. Trata-se de simplesmente se deixar levar ao sorriso, ainda que um sorriso um pouco melancólico, que mostra que permanecemos abertos ao que é belo, bom ou simplesmente divertido, apesar das dificuldades pelas quais passamos.

Pesquisas revelam que as pessoas que se permitem sorrir quando em dificuldade,[23] ou mesmo em períodos de viuvez,[24] são as que melhor conseguem se recuperar e se superar. Insisto (pois muitas vezes ouvimos injunções à felicidade ou a sorrisos obrigatórios): não se trata de se *obrigar* a sorrir, mas de *se deixar levar* ao sorriso, quando a vida nos surpreende de maneira agradável. Nada mais, nada menos. É exatamente como uma consolação que vem de fora: não devemos nos obrigar a aceitá-la ou fingir que estamos melhor, mas ver se é possível fazer o pequeno esforço de acolhê-la. Com um sorriso.

> *Quando decidimos aliviar nosso sofrimento, devemos nos voltar para as coisas simples, com uma mente de principiante*

Em meu relato de algumas páginas atrás, esforço-me para sorrir, cantarolar, dançar sozinho, me movimentar. Gestos banais. Mas com frequência de grande alívio: o movimento suspende o sofrimento – em parte, por um momento. A entrega ao movimento é consoladora, pois nos leva um pouco mais longe e nos abre a algo mais amplo que nós mesmos e nossa desolação. Trata-se de se vincular ao mundo através do corpo e de suas necessidades básicas, bloqueadas pela tristeza que nos imobiliza e fixa. Trata-se de reavivar a vida em si, como uma pequena brasa sob as cinzas, soprando sobre ela.

A chave, o segredo, é a *mente de principiante*, uma atitude de frescor e curiosidade mental que os mestres zen se esforçam em manter viva: abordar cada nova situação, e cada momento de nossa vida, como se fosse a primeira vez. Isso não significa viver com amnésia ou renunciar à riqueza das experiências passadas, mas garantir, por meio de uma vigilância renovada, que tudo o que já vivemos, tudo o que conhecemos ou pensamos conhecer, não seja um obstáculo a novas descobertas, novos aprendizados, novos aprofundamentos. É por isso que sempre devemos acolher e experimentar, da melhor maneira possível, as consolações mais simples, sem desacreditá-las de antemão.

Não é fácil cultivar a mente de principiante em momentos de desolação, pois todos somos especialistas em sofrimento – ao qual estamos acostumados e no qual temos muita experiência. Então pensamos que também somos especialistas na arte de enfrentá-lo, de superá-lo. E costumamos pensar: "Não adianta, não vai funcionar". Mas nos enganamos sempre que não tentamos. Na maioria das vezes, somos mais prisioneiros de nossos hábitos e automatismos estreitos do que verdadeiros especialistas, capazes de escolher com lucidez entre uma série de estratégias e atitudes autoconsolatórias. Com frequência, devemos aprender a olhar com sinceridade e admiração para a maneira como os mais jovens, e às vezes as crianças, reagem ao sofrimento, pois é neles que a mente de principiante age de forma espontânea.

Lembro-me do enterro de uma amiga que morreu jovem, de uma doença fulminante: durante a cerimônia, seus filhinhos pequenos, de 4 ou 5 anos, brincavam entre os túmulos com os primos da mesma idade. Senti uma compaixão imensa por eles: "Pobres inocentes, não choram, porque não entendem". Mas também fiquei admirado com o vigor simples e a força de vida que emanavam deles; sem terem de fato escolhido, eles tinham decidido que aquele não era um momento de sofrimento, mas de brincadeira; o que suas lágrimas teriam acrescentado ao que acontecia?

Obrigar-se a pensamentos consoladores

Não esperar que eles ocorram espontaneamente! Dedicar-se a esses pensamentos, mesmo sem aderir a eles emocionalmente, é como abrir as janelas de um quarto escuro: ainda que não nos debrucemos na janela para admirar o Sol ou o céu com gritos de alegria, a luz entrará e nos fará bem!

Na terapia cognitiva (em que observamos com atenção todas as nossas palavras internas), chamamos esses pensamentos consoladores de "pensamentos alternativos". Trata-se de propor uma alternativa a nossas certezas negativas, de instalar em nossa mente, com um pouco de força, autoconsolações em resposta a nossas angústias: "Imagine que aquilo que você teme não aconteça, que tudo dê certo. Como você se sente? Melhor? Sim? Mas você diz que *na verdade* isso não vai acontecer? Ora, *na verdade* você não tem como saber! Abandone essa angústia, que não passa de uma hipótese, e espere ver e saber para começar a sofrer".

Obviamente, nosso cérebro aflito não adere tão facilmente a essa visão mais ampla, a esse funcionamento sensato e equilibrado de nosso debate interior sobre a vida! É preciso fazer com que ele se esforce, e principalmente treiná-lo para isso: de minha parte, levei muitos anos para conseguir fazer minha mente se tornar mais tranquila com mais frequência.

▮ FREAR O AVANÇO DA TRISTEZA

Mais um período de melancolia. Problemas médicos, problemas com familiares, problemas materiais. Sei que sobreviverei (a prova: escrevo estas linhas). Mas tudo é cinza em minha mente, que só quer uma coisa: tornar-se escura como breu. Saio para pegar um trem e, no trajeto, subitamente me torno receptivo a todos os pequenos ninhos de tristeza pelos quais passo os olhos, como os túmulos do cemitério, que vejo por cima do muro, e penso então nas pessoas vivas que aqueles mortos já foram, em *seus* destinos, em *meu* destino, em *nosso* destino. Reflito sobre esse movimento de minha mente, sobre o "seus-meu-nosso", isto é, o "eles-eu-nós". A primeira parte – "*eles-eu*" – é automática para mim (o ego choraminga e traz para si), e a segunda – "*eu-nós*" –, deliberada (ampliar seu sofrimento ao da humanidade). Entristeço-me também com as casas pelas quais passo no caminho, nesse dia elas me parecem todas um pouco tristes, um pouco feias, um pouco decrépitas. Passo na frente de uma creperia do tamanho de um corredor, onde nunca vi nenhum cliente. O lugar acabou fechando, como me informa um pequeno cartaz colado às pressas na porta. Vejo mofo nas paredes, ferrugem, nenhum brilho de vida. Ergo a cabeça para os novos prédios modernos e feios, que fazem sombra para a pequena escola do outro lado da rua: as crianças brincam na sombra, agora. Há inúmeros ativadores para minha tristeza, e é só do que ela precisa para persistir, um combustível. Percebo isso, então faço um pequeno esforço

> para contê-la, enfrentá-la: forço-me à alegria consoladora. A creperia? Talvez os donos tenham recebido uma herança e hoje levem uma vida bem melhor do que a de receber clientes? Talvez eles até gostassem de não ter muitos clientes? As casinhas? Elas são feias, é verdade, mas isso não impede que seus moradoras sejam felizes lá dentro; e o mesmo vale para os prédios, melhor pessoas felizes dentro de paredes feias do que deprimidas dentro de paredes bonitas.
>
> Resultado disso sobre meu humor? Digamos que... mais ou menos! Mas me sinto bem ao tentar me arrancar das garras da melancolia, e sinto que freio um pouco o avanço da tristeza. Sigo em frente, levanto o rosto e procuro o céu azul. Tenho a impressão de que a consolação já está mais perto, atrás das nuvens.

■ *Ver a felicidades e a sorte dos outros não como injustiças, mas como prova de que a felicidade e a sorte existem*

Nós nos esforçamos, mas às vezes vem um pensamento que anula todo o nosso esforço: "Sim, para eles existe, é verdade; mas não para mim". Ah, é? E por quê? Para saber, é preciso continuar vivo o maior tempo possível e ver o que acontece amanhã, mês que vem, ano que vem. Lembro-me de uma entrevista com o escritor François Nourissier, que li por acaso numa revista: envelhecendo, sofrendo da doença de Parkinson, ele explicava ao jornalista que sua motivação passara a residir no "simples prazer de durar", de continuar vivo. Na época (eu era jovem) achei sua fala triste e restritiva; hoje começo a entender! Vejo sabedoria por trás do que parece uma renúncia: diminuir as expectativas à medida que diminuem as capacidades. Diante da passagem do tempo, acolher sorrindo a consolação de cada dia e de todos os instantes. Pouco a pouco, nada será trivial nas coisas que nos acontecem, tudo terá o delicioso sabor da vida. A idade nos aproxima das mesmas razões de viver – muito simples – dos bebês; com a diferença que eles têm a vida pela frente. A única diferença.

■ Voltar-se para sofrimentos que não são seus

A mitologia grega conta a história de Laodâmia, que só foi para a cama duas vezes com o marido, Protesilau. Na primeira vez, antes de ele partir para a guerra de Troia e morrer em combate. Morto, ele é autorizado a sair do Inferno e voltar para a Terra para um único dia com sua esposa, a fim de consolá-la. Eles fazem amor pela segunda vez. Depois da partida de Protesilau e seu retorno definitivo ao Inferno, Laodâmia se suicida: "Do homem ela só conheceu o adeus".[25]

Ler e ouvir histórias trágicas pode nos consolar? Sim, mas apenas quando não for para seguir uma prescrição ou uma imposição: "Veja, há gente pior que você!". Somente quando não for para calar nossa queixa. Esses relatos precisam ser buscados por nós mesmos, ou ser trazidos até nós pelo acaso, na hora certa. Quando eles se tornam uma imposição para nos calar diante de uma situação pior que a nossa, não se trata de consolação. Toda imposição pode provocar reatividade: nossa mente se fecha diante daquilo que não está pronta para aceitar, mesmo que possa lhe fazer bem e abrir seus olhos.

A verdade – a de que quase sempre existem sofrimentos piores que o nosso – nunca é fácil de aceitar. Aliás, somos realmente "consolados" pelo sofrimento dos outros? Fazer parte da comunidade das almas sofridas nos alivia? O que mais nos comove no relato de outros infortúnios é a universalidade do sofrimento e a beleza dessa universalidade quando expressa pelos artistas. Como nesses três versos de Guillaume Apollinaire, que dizem tudo sobre o coração das pessoas e suas angústias[26]:

> *E tu meu coração por que bates*
> *Como uma sentinela melancólica*
> *Observo a noite e a morte*

Apaziguamos as dores com palavras

Como em toda parte, a vida dos mortais está cheia de calamidades, e raros são aqueles a quem é permitido não se afligir com a própria sorte, nenhum dever é mais disseminado que o de apaziguar nossos amigos com palavras de consolo. E na verdade uma consolação certeira e amigável não é um auxílio pequeno; através dela, todas as vezes em que, nas situações de sofrimento, não nos é permitido remediar com ações a dor daqueles que amamos e queremos ajudar, ao menos apaziguamos as dores com palavras. É preciso ter habilidade, no entanto, para que, como médicos inexperientes, não agravemos uma ferida ainda aberta e recente em vez de aliviá-la.

Erasmo, *De conscribendis epistolis*.[27]

CONSOLAR O OUTRO

"O objetivo é ser feliz. Só o alcançamos lentamente. É preciso dedicação diária. Quando estamos felizes, resta muito a fazer: consolar os outros."[1]

Jules Renard escreve essas palavras generosas em seu diário no ano do suicídio de seu pai. Ele sem dúvida pensava na estreita relação entre felicidade e consolação: na energia da felicidade que nos ajuda a consolar o outro, e na felicidade que a consolação confere a quem a recebe, e a quem a concede.

Como consolar?

Na consolação, tentamos fazer o bem a alguém que sofre, com os meios a nosso dispor, mas não apenas. Pois, para consolar corretamente, também precisamos de uma estratégia, segundo autores clássicos como Erasmo, que acabamos de ler: consolar é uma arte difícil, de regras múltiplas que não podem garantir resultado algum. Mas, mesmo que a consolação venha de uma intuição e de um impulso, existe um saber, ou melhor, uma prática que permita ser mais eficiente?

Em primeiro lugar, lembremos que oferecer consolo se baseia em três pilares:

- presença ("Estou aqui, com você, vou ficar aqui, não vou embora enquanto você precisar de mim"),
- apoio afetivo ("Amo você, pode contar comigo, quero aliviar sua dor"),
- apoio material ("Vou simplificar sua vida, o melhor que eu puder").

O primeiro é feito de silêncio presente, incandescente. O segundo, de palavras simples. O terceiro, de gestos atenciosos e discretos (pois não se deve fazer a pessoa que consolamos sentir o peso da necessidade de reconhecimento ou agradecimento).

Depois vem todo o resto.

A hora certa de consolar

Durante minha carreira como psicoterapeuta, com o tempo adquiri a arte do *kairós*: dizer as palavras certas na hora certa. Às vezes, rapidamente, desde o início de uma consulta, compreendia o que precisava dizer ou fazer para ajudar a pessoa. Aos poucos, porém, aprendi que seria melhor, para ajudá-la, que ela tivesse vontade, necessidade ou capacidade de receber essa ajuda. Nem cedo demais – ela teria a impressão de não ter sido ouvida em sua singularidade, ou que lhe aplicava meus truques de terapeuta. Nem tarde demais – o sofrimento poderia ter triunfado e destruído toda a sua expectativa e esperança, portanto sua receptividade.

Em terapia, a palavra que consola, que ajuda, não pode ser nem superficial demais nem solene demais: precisa ser exata e dita na hora certa, para uma pessoa específica e nenhuma outra. Ainda que muitas vezes digamos a mesma coisa (porque as pessoas vivem sempre as mesmas dores), ainda que muitas vezes encorajemos para o cuidado e o respeito de si, para o perdão e para a ação, sempre devemos ajustar a forma de nosso discurso, escolher as palavras e as imagens mais eloquentes para o interlocutor em sofrimento. Porque, na maioria das vezes, nossos conselhos não tocam por sua originalidade: eles devem mobilizar pela sinceridade e pela exata adequação a um instante de receptividade.

A consolação de todos os dias, fora dos momentos de terapia, entre familiares e amigos, sem dúvida obedece a regras semelhantes; quando um terapeuta consola abertamente, aliás, talvez ele saia de seu âmbito técnico para buscar uma espontaneidade amigável e uma partilha emocional, ainda mais tocantes e potentes, porque inabituais de sua parte.

Uma das regras de ouro da arte de consolar consiste em não precipitar a consolação, em não se lançar rápido demais em palavras reconfortantes. As mesmas palavras que podem ser benéficas depois de uma longa conversa podem chocar ou desestabilizar, cair na insignificância, quando ditas rápido demais, com pressa de promover alívio. Desconfiamos que aquele que consola cedo demais (*consolator praecox*) esteja tentando se confortar tanto quanto nos reconfortar. A consolação às vezes ganha em não dizer seu nome, em avançar ocultamente. Não chegamos a ninguém dizendo: "Vou consolá-lo de suas dores". Seria pretensioso, imprudente e ineficaz.

Eis o que pensava Sêneca, que escreveu muitas consolações para ajudar seus familiares e amigos enlutados: "Eu sabia que não devia atacar de frente a dor, enquanto sua novidade a mantivesse intensa, temeroso de que minhas consolações a exacerbassem; da mesma forma, quando queremos curar o corpo, nada é mais nocivo que um tratamento prematuro. Por isso esperei que sua dor diminuísse sozinha e que, tendo o tempo a preparado suavemente para tolerar remédios, ela se deixasse examinar e tratar".[2]

Por que se preocupar com toda essa prudência? Por respeito à pessoa a ser consolada. Ela está sofrendo, como alguém que teve politraumatismos num acidente: ela está muito frágil, não deve ser sacudida! A consolação, nesses casos, é como uma intrusão, uma tentativa de manipulação, pode causar danos se não chegar com suavidade e no momento propício; provoca sofrimentos e tensões que bloqueiam a escuta e a mudança.

Paciência e tempo: as leis naturais da consolação

A consolação é um processo de reparação, voltado para a pessoa e não para a situação que a faz sofrer. Ela é um trabalho de ativação da tendência natural para a cicatrização psicológica que existe em quase todos os seres humanos: o desejo de consolação existe, subjacente, basta reavivá-lo. Os antigos já tinham entendido isso, como disse Dutramblay, esquecido poeta e fabulista do século XVIII:

> *Para consolar, é preciso medida*
> *E, em sua lenta marcha, imitar a natureza.*[3]

É necessário paciência, tanto nos consoladores quanto nos consolados. Principalmente nos consoladores: o consolador propõe, o consolado dispõe. A paciência é a sabedoria da lentidão, a inteligência da espera. Ela é necessária à consolação, que é um processo lento e prudente. Não estou falando do reconforto resultante da ação ou da palavra reconfortante, mas de todo o caminho representado pelo "trabalho da consolação" – da mesma forma como se fala no "trabalho do luto" ou, na linguagem das parteiras, do "trabalho" de uma mãe que coloca um filho no mundo: em todas essas situações, trata-se de um fenômeno natural que desejamos facilitar por meio de um esforço. Mas esse esforço deve ser conduzido no tempo certo. Nas adversidades importantes, a consolação não é um estado que se atinge de uma vez por todas, mas uma longa caminhada na direção de uma felicidade possível e aceitável.

Muitas vezes, a consolação é um trabalho sobre a relação com o tempo por parte da pessoa que sofre, sobre "o tempo desregulado da dor",[4] segundo a bela expressão do filósofo Vincent Delecroix, que evoca as distorções do presente, do passado e do futuro sob o efeito do sofrimento, como o metal sob o efeito do calor. Todo sofrimento gera o temor – e às vezes a convicção – de sua duração, às vezes de sua eternidade. A consolação busca afrouxar o nó de dor no qual esse tempo paralisado e distorcido mantém nossa mente.

Também veremos como, ao longa da vida, as consolações recebidas várias vezes podem aos poucos modificar nossa visão de mundo. Com o passar do tempo, de tanto as desolações se sucederem às consolações, de tanto as consolações se sucederem às desolações, começamos a entender o que é a impermanência – deliciosamente descrita por Emmanuel Carrère no livro *Yoga*: "Quando está tudo bem, fico à espera de que a qualquer momento tudo fique mal – no que estou certo –, ao passo que quando tudo está mal, não consigo acreditar que a qualquer momento tudo vá ficar bem – no que estou errado".[5] É tão óbvio! No entanto, muitas vezes precisamos de anos, não para saber ou admitir esse fato, mas para acreditar nele e aderir a ele. A sucessão de desolações padecidas abre nossos olhos para uma certeza: a fragilidade de nossa felicidade. E a sucessão de consolações recebidas abre nossos olhos para outra certeza: a recorrência dessa mesma felicidade e seus eternos renascimentos.

> **DEIXAR A GRAMA CRESCER**
>
> Lembro-me de um amigo cujo filho teve uma crise psicótica e precisou ser internado. Angustiado e sentindo-se culpado, meu amigo tinha pressa de arrancar o filho da clínica psiquiátrica e da doença; e sem dúvida de apagar a dor de sua ansiedade e de sua culpa. Ele chegou a tentar tirar o filho de lá sem o consentimento dos médicos, o que não teria sido uma ideia nada boa. Tentei explicar-lhe as coisas, racionalmente, até que entendi que primeiramente precisava fazer um desvio: fazê-lo tomar consciência de seu sofrimento e de sua culpa, e encorajá-lo a aceitá-los. Então, e somente então, poderia consolá-lo, lembrando-lhe que sua angústia era normal, que eu teria sentido a mesma coisa, e informá-lo sobre o universo psiquiátrico que ele não conhecia, despertando sua esperança e fazendo seu nível de ansiedade baixar com o tempo e a escuta. Eu lhe disse coisas simples para incitá-lo à paciência, para ele aceitar, por fim, aquela realidade dolorosa. Pouco depois, ele me telefonou: "Sabe, falar com você me fez bem. E você me disse uma coisa que me consolou muito de minha impotência de agir e socorrer. Você disse: 'Não fazemos a grama crescer mais depressa puxando seus talos'. Foi o que me ajudou a compreender que precisava aceitar deixar o tempo passar sem me alarmar e sem me intrometer".

As palavras simples da consolação

Para consolar, é inútil visar estratégias muito complexas: tudo começa com uma presença, uma intenção, gestos e palavras simples. Flaubert, em sua correspondência, dizia-se convencido da inevitável inabilidade de nossas palavras assim que se tratava de torná-las consoladoras: "A palavra humana é como uma panela furada em que batucamos melodias de fazer dançar os ursos, enquanto gostaríamos de comover as estrelas".[6]

O sofrimento embaralha a capacidade de escuta da pessoa que sofre; ela só consegue entender palavras simples. A dor é alérgica ao que é inútil e supérfluo: no estresse, todas as funções corporais que não servem para lutar ou fugir (digestão ou sexualidade) são suspensas (por isso suas perturbações quando o estresse é crônico). Da mesma forma, quando em sofrimento, afastamos tudo o que não ajuda e consola. A desolação e a necessidade de consolação nos devolvem à simplicidade essencial de nossas necessidades. É o que celebra a canção "L'Auvergnat", de Brassens, que narra todos os pequenos gestos consoladores, decisivos e magníficos, de uma vida humana:

> *Ela é para ti, esta canção,*
> *Tu, auvernês, que sem pretensão*
> *Me deu quatro pedaços de lenha*
> *Quando em minha vida senti frio.*
>
> *[...]*
>
> *Tu, hoteleira, que sem pretensão*
> *Me deu quatro pedaços de pão*
> *Quando em minha vida senti fome.*
>
> *[...]*
>
> *Tu, forasteiro, que sem pretensão*
> *Com ar infeliz me sorriste*
> *Quando os policiais me puseram a mão...*

O sorriso infeliz, mas consolador, de que fala Brassens não é uma palavra, mas é melhor que uma palavra – um sinal a meio caminho entre a palavra e o corpo, como uma *palavra do corpo*. Quando dava aulas para alunos de Psicologia e os recebia no hospital para estágio, pedia que eles sorrissem ao receber os pacientes, explicando que nenhum deles estava ali por acaso: o sofrimento e as dificuldades da vida os levavam até nós, com seus pesares e suas angústias, por isso devíamos começar consolando-os com uma acolhida calorosa, antes mesmo de iniciar o diálogo.

O corpo e a consolação

Algumas pessoas não têm medo de abraçar o outro para consolá-lo. Elas estão certas, na maioria das vezes. Em geral, abraços acontecem entre familiares, mas uma pessoa de fora, afetuosa, também pode dá-lo: é uma questão de sentir a hora certa e a íntima convicção de sua necessidade.

Durante meus estudos de Medicina, quando fui residente externo e interno do hospital, fazíamos "visitas" com toda a equipe – médico-chefe, enfermeiras, assistentes, residentes internos e externos –, toda uma trupe que entrava em cada quarto e depois saía, num grande farfalhar de jalecos brancos. Alguns médicos-chefes se sentavam no leito do paciente, tomavam um pouco de tempo para colocar a mão em suas pernas, reconfortá-lo com um contato físico. Outros ficavam de pé na frente do leito e só tocavam os pacientes para examiná-los, nunca para consolá-los nem para se mostrar interessados por suas dores e angústias.

Era outra época, sem dúvida, as coisas mudaram desde então, mas a consolação ainda é um procedimento insuficientemente estudado pelas equipes médicas.[7] Ou apenas no âmbito das doenças fatais, crônicas e incuráveis,[8] momentos em que a medicina perde toda a aura de onipotência. Pois o que nos resta, quando não podemos curar? A consolação, que diminui o sofrimento e desempenha um papel subterrâneo na evolução de qualquer doença. Esse papel às vezes parece, aos olhos dos médicos, mínimo e limitado, mas em geral é o que preserva nos pacientes a vontade de viver e de seguir em frente, apesar de tudo.

Dizem que o neurologista francês Raymond Garcin costumava dizer: "A base da medicina é o amor". Ele citava, a esse respeito, a resposta do prêmio Nobel de Medicina Charles Nicolle a um colega que lamentava a condição de um paciente: "Você segurou a mão dele, ao menos?".[9]

De minha parte, como psiquiatra, quase nunca toquei em meus pacientes, exceto, é claro, num aperto de mãos para cumprimentá-los. Raras vezes, quando alguém soluçava aos prantos na minha frente e minhas palavras não eram suficientes, contornava a mesa e me sentava a seu lado e colocava a mão em seu ombro; sentia-me um pouco ridículo, um pouco além de meu papel; mas continuava a falar com calma, para me proteger com palavras; sem dúvida teria sido preferível que me calasse.

Outras vezes, quando o paciente mencionava momentos difíceis e os revivia durante a sessão, na hora de acompanhá-lo até a saída pegava suas mãos nas minhas e lhe dizia palavras de apoio, consolo e amizade: "Sei que é difícil, mas vamos conseguir, cuide-se bem até a próxima sessão". Conselhos simples, até simplistas. No entanto, anos depois, os pacientes me contavam que aqueles momentos, aquelas palavras simples, comuns, tinham lhes ajudado tanto quanto todo o resto. Saber disso poderia ser um pouco constrangedor. Mas foi sobretudo esclarecedor. Nunca devemos acreditar exclusivamente na virtude de nosso saber, de nossa experiência; às vezes é preciso deixar o coração falar.

Entre o corpo e a consolação, costumam surgir as lágrimas. Todo psiquiatra tem na gaveta de sua mesa de trabalho uma caixa de lenços de papel. E, quando sente que o choro vai chegar, ele a oferece ao paciente, o que muitas vezes acelera o surgimento das lágrimas. Os pacientes sempre pedem desculpas por chorar na nossa frente, como se fosse anormal, mal-educado, uma fraqueza de sua parte. E nós, médicos, sempre lhes damos todo o direito de chorar: "Você está me falando de coisas difíceis, dolorosas, é bastante normal que as lágrimas venham, não se contenha".

Nós nos contemos, então, para não voltar a falar cedo demais ou consolar cedo demais com palavras; tentamos sorrir, balançar a cabeça e, quando eles tentam voltar a falar, dizemos: "Temos tempo, podemos ficar em silêncio juntos; deixe sair todas as lágrimas que tiver neste momento". Consolar não necessariamente é secar as lágrimas do outro, mas não temer que elas corram. E manter-se ao lado, bem perto da pessoa que chora.

Encontramos belas linhas nas *Confissões*, de Santo Agostinho, num momento de aflição pela morte da mãe: "Eu soltava as lágrimas que antes continha, para deixar que corressem o quanto quisessem e que fizessem seu leito em meu coração. Ele encontrou repouso, pois Você me ouvia, Você, e não algum homem que, com sua soberba, interpretaria meu choro".[10] Ele se dirige a Deus e, ao criticar "algum homem", opõe-se aos filósofos estoicos, que à época das *Consolações* de Sêneca convidavam à força e à dignidade. Mas ele também vai direto ao ponto ao dizer que a acolhida de seu choro, e não sua interpretação, é que acalma seu coração.

BLUSÕES QUE ENCOLHEM

Uma mãe de família, cansada, erra o programa da máquina de lavar ao colocar algumas roupas de lã. Seus blusões preferidos encolhem ridiculamente. Uma de suas filhas tira os blusões da máquina e os coloca para secar mesmo assim, perplexa; ela conta o ocorrido à mãe, rindo um pouco da anedota; o restante da família também ri. A mãe fica com os olhos cheios de lágrimas. Apenas um dos filhos nota; para os outros, aqueles são simples blusões de lã, que agora vão para o lixo – uma pena, mas eles não fazem um drama por causa daquilo. O filho empático se levanta e abraça a mãe; então ela chora, e sorri. Os outros filhos ficam surpresos com suas lágrimas, e constrangidos: eles não tinham percebido, não tinham entendido nada. Ela agradece ao filho consolador. Ela só precisava daquilo para rapidamente passar para outra coisa e se sentir consolada pela perda, por distração e pressa, de roupas que ela adorava. Era uma pequena tristeza, que ninguém via, ou que ninguém se dava o trabalho de ver e, portanto, de consolar. Não teria sido um drama, mas aquela consolação foi uma bênção, que mudou o olhar da mãe. Por aquele dia, ao menos, talvez por mais tempo; quem sabe para sempre.

Tentativas de consolação

Como todos os profissionais da saúde, como todos os autores de livros que visam ajudar, consolar e reconfortar, recebo muitas cartas: às vezes com agradecimentos, às vezes com pedidos. Sinto-me moralmente obrigado a responder. E nada me atormenta mais do que as cartas dos distraídos e das distraídas que se esquecem de colocar o próprio endereço no envelope. Meu cérebro de ansioso empático se ativa, fica preocupado e imagina roteiros catastróficos: vejo a pessoa que me escreveu, que se abriu comigo, conferindo sua caixa de correspondência todos os dias e não recebendo nenhuma resposta, ficando triste e decepcionada comigo. Temo provocar dor numa pessoa que já a tem.

E, mesmo quando a carta é alegre, de agradecimento, como também costumo receber, ainda assim me preocupo: temo que minha resposta desbote a felicidade da pessoa, que a entristeça e desencante, que a faça passar para o lado dos amargurados ou decepcionados com a vida. Por favor, se você me escrever, não se esqueça de me mandar seu endereço!

Enfim, sempre me esforço para responder, sinto que esse é meu dever, meu triplo dever: de médico, de escritor, de ser humano. Às vezes respondo brevemente, por falta de tempo; às vezes respondo com mais detalhe, esperando de todo o coração que minhas palavras possam, à distância, ajudar e consolar.

Seguem aqui algumas dessas respostas.

Carta a uma leitora com a doença de Charcot*

Quando escrevi a esta leitora, sabia que ela logo morreria, como me disse em sua carta. Por isso me permiti enviar "um abraço, com todo meu coração". Nunca falo assim com meus pacientes. Mas a tragédia que ela vivia a tornava uma pessoa muito próxima, e dizia a mim mesmo, com ou sem razão, que meu afeto por escrito talvez lhe fizesse um pouco de bem.

Querida Anne,

Agradeço por sua mensagem e pela confiança em mim. Acompanhei vários pacientes com a doença de Charcot e vários de seus familiares, posso imaginar o que você está vivendo. Sei, como médico, que as palavras de consolação são ao mesmo tempo impotentes e importantes, e sei também que você está bem acompanhada.

Entendo perfeitamente seu desejo de escolher o momento de sua partida; tenho a impressão de que pensaria como você. Espero, no entanto, que você ainda se mantenha sensível aos pequenos momentos de beleza e alegria de todos os dias, mesmo instáveis, mesmo imperfeitos, mesmo incompletos.

Não tenho outra certeza para lhe dar diante da morte que lentamente se aproxima de você (que também se aproxima de nós, mas com mais distância, ao menos aparentemente) além desta: não podemos fazer mais do que saborear da melhor maneira possível as felicidades que o presente nos oferece, do que repensar as felicidades passadas e do que nos alegrar de tê-las vivido. É bem pequena essa liberdade de olhar para todas as luzes de nossa vida, de ontem e de hoje – bem

---

* No momento em que você estiver lendo estas linhas, ela já terá falecido. Você pode interromper a leitura e lhe enviar um pensamento ou uma oração, que ela talvez receba; gostaria que o fizesse, em todo caso. Encontrei-me várias vezes com ela, era uma boa pessoa.

pequena em relação à sombra que avança. Mas é a mais bela que lhe resta, e é uma liberdade de sabor intenso.

É como no luto: sentimos a dor de perder a pessoa amada, e a felicidade, no fundo de nós mesmos, de termos vivido momentos felizes ao lado dela. Para você, no entanto, trata-se de um luto por seu próprio corpo, o que é ainda mais complicado, doloroso e angustiante. Mas desejo de todo coração que a força e a lucidez que adivinho em você, nas entrelinhas de sua mensagem, possam ajudá-la.

Sei que minhas palavras são breves e insuficientes, mas espero que elas alimentem as certezas e as forças já presentes em você.

Você está em meus pensamentos, em minhas orações e em meu afeto.

Um abraço, com todo meu coração.

Christophe André

Carta a uma leitora em luto

Ela não consegue tomar a iniciativa de se separar dos objetos do falecido marido e me pede conselho.

Cara senhora,

Obrigado por sua carta e pela confiança.

A pergunta que a senhora me faz, a respeito da conservação, ou não, dos objetos que pertenceram a pessoas mortas, é um grande clássico da psicologia humana: cedo ou tarde, todos precisamos enfrentá-la.

Isso aconteceu recentemente comigo, quando da morte de minha mãe, e não creio que exista uma atitude "correta" que possa ser universal: tudo depende de nossa personalidade, do laço que mantínhamos com o falecido e mesmo de fatos objetivos como o espaço de que dispomos em casa.

Mesmo assim, seria fácil demais dizer-lhe que não existe receita, então vou lhe dizer o que penso; saiba que não se trata de uma verdade universal nem de uma certeza de especialista. Não existe palavra do Evangelho para o assunto!

No entanto, observo que a maioria de nós chega a uma solução de meio-termo, que consiste em conservar, expostos na casa ou guardados numa "caixa de recordações", um número limitado de objetos associados à lembrança da pessoa falecida e que despertem recordações felizes.

Também vi familiares montarem num canto da casa, com fotografias e recordações, uma espécie de altar, diante do qual eles fazem um momento de recolhimento de tempos em tempos: pensando nos bons momentos vividos com a pessoa, agradecendo pelo que ela lhes deu.

Essa solução – cultivar a memória dos mortos por pensamento, mais do que pelo acúmulo de objetos – muitas vezes me parece a mais pertinente.

Mas a melhor solução será aquela que seja intuitivamente de sua preferência, aquela que pacifique um pouco sua tristeza, aquela que a console, em suma: ouça seu coração, ele talvez lhe permita encontrar o caminho.

Meus pensamentos estão com a senhora.
Cuide-se bem.
Afetuosamente,

Christophe André

SMS a uma amiga mais jovem que eu, que acaba de perder um filho

Fiquei sabendo da tragédia por um amigo. Imaginei seu desespero. Sabia que ela estava cercada de pessoas. O que escrever naquele momento para reconfortá-la? Temi cometer uma gafe, incomodar, magoar. Mas senti vontade de lhe enviar um pequeno sinal. Decidi escrever um SMS. E me contentei com poucas palavras, não quis absolutamente invadir seu espaço e impor minha presença durante seu sofrimento. Gostamos um do outro, mas não sou um amigo íntimo; também não quero perturbá-la com uma longa mensagem edificante. Então vou direto ao ponto, ao mais simples, ao que me parece essencial:

Penso em você. Um forte abraço.

Nada menos (ela já sabe) e nada mais (para quê?). Pergunto-me se será um minúsculo reconforto, ou um peso a mais acrescentado a seu sofrimento. E fico aliviado quando ela me responde, agradecendo. Muito aliviado. Não por mim, mas por ela: sinto que sua resposta mostra que ela ainda tem vida e energia dentro de si.

Falta de jeito e regras simples

"Sempre digo aos enlutados, não importa quem eles tenham perdido, que eles precisam se preparar para viver, além da dor, um estranho fenômeno: a vacuidade das palavras e a falta de jeito dos que as pronunciam."[11] Essa observação, com toda a propriedade e experiência da rabina Delphine Horvilleur, lembra-nos que, embora seja difícil, para aquele que vai consolar, encontrar as palavras certas, é ainda mais difícil, para aquele que é consolado, ouvir palavras inadequadas.

> ### NECESSIDADE DE CONSOLAÇÃO, APESAR DE TUDO
>
> Um paciente sofre de uma doença crônica degenerativa. Apesar do tratamento, a doença avança, lenta, mas inexoravelmente, ano após ano. Quando ele se deixa levar por suas antecipações e preocupações, tudo se torna intolerável, insuportável: seu futuro é a morte, ele vê isso com clareza; como para todos nós, mas sua vez chegará bem mais depressa do que para todas as pessoas de sua geração, familiares, colegas e amigos. E talvez seja precedida por sofrimentos e dificuldades, pelo que ele chama de "decadência". Quando ele diz isso, quando utiliza esse termo, eu o repreendo, o que o faz rir, porque ele sabe que nunca repreendo meus pacientes, é claro, e ele valoriza nossa cumplicidade em torno dessa repreensão.

Suas angústias, sua certeza de que a morte se aproxima, são terríveis. Elas ocupam nossas conversas, mas falar somente comigo não é suficiente. Então de tempos em tempos ele sente a necessidade de se abrir com outras pessoas. E o que o irrita é que ele sabe de antemão o que vai ouvir, o que elas vão lhe dizer: "Não é certo que as coisas aconteçam desse jeito, e não tão rapidamente quanto você teme; veja como você está bem agora; tente não pensar nisso o tempo todo".

Em geral, esse tipo de fala o irrita. No entanto, em alguns dias, ele se sente triste e frágil. E sente uma necessidade infantil de ouvir essas palavras de consolo.

Porque elas são palavras de amor. Apesar de não acreditar nelas, apesar de elas serem o fruto, como ele diz, de uma lógica falsa e errônea, ele sente que lhe fazem bem. Só funcionam quando são ditas com sinceridade, por uma pessoa amada, e quando essa pessoa se comove ao dizê-las. Ele percebe a diferença entre uma consolação que parte do fundo do coração, despertada por uma emoção profunda, e uma consolação mais superficial, mais formal; mais angustiada, também, porque, quando as pessoas ficam perturbadas com o que acontece conosco, elas nos consolam mal, rápido demais, para se livrar da situação e de suas próprias inseguranças. Meu paciente não quer que as palavras sejam ditas por educação ou mesmo com gentileza; ele quer que as palavras de consolação sejam ditas por amor, com amor.

Ele sabe o que vai acontecer, ele sabe que vai descer do trem da vida antes de todo mundo, mas aquelas palavras lhe fazem bem. Bem pouco; mas, naqueles momentos, esse pouco é enorme. É o pequeno apoio que o impede de cair e despencar na encosta assustadora e vertiginosa do desespero, que sempre puxa e atrai aqueles que estão muito doentes e vão morrer, e sabem disso.

Às vezes acontece de consolações artificiais, formais, superficiais, como formalidades a cumprir para se livrar do problema, serem piores que o mal. Não falarei sobre elas aqui, e quero apenas dizer uma coisa sobre os inábeis e incapazes de consolação. O filósofo André Comte-Sponville confessa em um de seus livros: "Nunca soube consolar. As mulheres com quem vivi me criticavam por isso, e entendo-as. Para que viver juntos, se o sofrimento não diminui?".[12]

Em geral, os maus consoladores não o são por indiferença, mas porque estão presos às próprias emoções, que se acostumaram a reprimir e ocultar. A arte da consolação é uma arte da empatia – precisamos aceitar nossas próprias emoções para ecoar as da outra pessoa. De minha parte, por muito tempo fiquei paralisado diante das lamentações de meus familiares; quando não me sentia capaz de ajudá-los concretamente, ficava estressado, preocupado, sem ação: o que fazer quando alguém que amamos sofre por causa de um problema que não podemos resolver? O sofrimento deles me oprimia, minha impotência me petrificava, o futuro me angustiava. Como médico, no entanto, a distância terapêutica me dava discernimento e energia, e permitia que minha empatia se manifestasse.

Tentei mudar e acabei entendendo (por aplicá-las a mim mesmo) algumas regras simples:

1. Você não é obrigado a encontrar uma solução para os problemas de seus familiares e pessoas próximas, às vezes não existem soluções disponíveis, então é preciso se voltar para a consolação.
2. Comece ouvindo e se contente em ajudar o outro a entender e a esclarecer o que está acontecendo, a expressar suas emoções, suas preocupações; se for possível, faça perguntas simples: "Como você se sente quando falamos sobre isso? O que pensa consigo mesmo?"; não tente corrigir ou retificar as palavras do outro.
3. Em primeiro lugar, expresse seu afeto com palavras claras e, com palavras comedidas, sua confiança na vida e no futuro.

4. Não generalize, não fale dos outros, de si mesmo, apenas da pessoa que está à sua frente e do sofrimento pelo qual ela está passando no momento.
5. Não se esqueça de que toda consolação tem um efeito a prazo: embora pareça inútil na hora, ela sempre segue um caminho subterrâneo que acaba ajudando.
6. Lembre à pessoa que você estará sempre presente para oferecer sua ajuda, de qualquer tipo. Pronto, agora você fez tudo o que podia, e que precisava; o resto você não pode controlar.

Provavelmente porque sou um ex-péssimo consolador, um sem-talento da consolação, tenho bastante tolerância, quase uma ternura, pelas gafes cometidas pelos que querem consolar...

TERNURA PELAS GAFES

Um amigo precisa fazer uma ressonância magnética do fígado: ele teve um câncer alguns anos antes e descobriram em seu fígado uma imagem suspeita durante um exame de rotina. Ele vai fazer a ressonância numa sexta-feira à noite. O técnico que lhe entrega o CD com as imagens diz que o relatório médico só estará disponível na próxima semana e comete o erro de se despedir com um "até logo e boa sorte". Esse "boa sorte" obviamente angustia meu amigo: "E se ele disse isso porque viu algo preocupante na tela? Como ele é só um técnico em ressonância magnética, mesmo experiente, não pode me dizer nada, para o bem ou para o mal, mas o 'boa sorte' que deixou escapar não é bom sinal". E meu amigo fica remoendo isso até chegar em casa. Quando ele conta a história à mulher, ela também fica preocupada e com raiva, irritada com a falta de tato do profissional. No fim, a história acaba bem, o resultado é benigno e não tem nada a ver com seu câncer. Quando ele me conta o fato, reconheço que o técnico cometeu um erro de psicologia que despertou suas angústias, sem querer e sem saber. E lhe explico que é comum dizermos algo do gênero aos pacientes quando os sentimos um pouco preocupados (e meu amigo estava preocupado por precisar esperar alguns dias para o resultado). Por outro lado, entendo aquele técnico: no fim das contas, prefiro um mundo onde as pessoas se esforçam para reconfortar as outras, mesmo que sem jeito, do que um mundo asséptico em que os profissionais de saúde só podem dizer palavras cifradas e neutras, segundo as circunstâncias: bom dia, obrigado, até logo.

O dom da consolação

Muitos de nós cometem gafes quando se trata de reconfortar. Mas alguns são consoladores espetaculares. Na maioria das vezes, consoladoras: entre as mais lindas cartas que conheço sobre o tema estão as de George Sand.[13]

George Sand

Numa carta endereçada ao amigo Gustave Flaubert, que você lerá a seguir, ela demonstra conhecer tudo que compõe a arte da consolação: compaixão pelo sofrimento do amigo, compreensão daquilo que o aflige, conselhos afetuosos e admoestações bondosas, lucidez sobre a receptividade a tudo o que ela sugere. Sand era uma mulher admirável e generosa, e é preciso ter em mente que ela já estava bastante doente no momento em que escreveu essa carta a Flaubert – ela morreria dois anos depois.

Nohant, 8 de dezembro de 1874,

Meu pobre amigo,
Quanto mais infeliz você fica, mais ainda o amo. Como você se atormenta e como você se deixa afetar pela vida! Pois tudo de que você se queixa é a vida; ela nunca foi melhor para ninguém, em nenhum momento. Nós a sentimos mais ou menos, nós a compreendemos mais ou menos, nós a sofremos, portanto,

mais ou menos – e quanto mais à frente estivermos da época em que vivemos, mais sofreremos. Passamos como sombras por um fundo enevoado que o sol poucas e raras vezes consegue atravessar, e constantemente reclamamos desse sol, que não pode fazer nada. Nós é que devemos nos livrar de nossas nuvens.

Você ama demais a literatura; ela o matará, e você não matará a estupidez humana. Pobre estupidez humana, que de minha parte não odeio, e que contemplo com olhos maternos; pois ela é uma infância, e toda infância é sagrada. Quanto ódio você lhe dedicou! Como você luta contra ela!

Você tem conhecimento e inteligência demais, esquece que há algo acima da arte: a sabedoria, da qual a arte, em seu apogeu, é nada mais que uma expressão. A sabedoria compreende tudo: o belo, a verdade, o bem, o entusiasmo. Ela nos ensina a olhar para fora de nós mesmos e ver alguma coisa mais elevada do que o que temos em nós, e a nos integrarmos a ela aos poucos, por meio da contemplação e da admiração.

Mas não conseguirei fazê-lo entender como encaro e apreendo a felicidade, isto é, a aceitação da vida, qualquer que ela seja! Há uma pessoa que poderia mudá-lo e salvá-lo, o velho Hugo; pois por um lado ele é um grande filósofo, sendo também o grande artista de que você precisa e que eu não sou. Procure-o com frequência. Acredito que ele o acalmará: já não tenho mais tempestade suficiente dentro de mim para que você me entenda. Acho que ele conservou seus raios e que ainda adquiriu a doçura e a mansidão da velhice.

Visite-o com frequência e conte-lhe suas dores, que são grandes, como posso ver, e que se transformam demais em melancolia. Você pensa demais nos mortos, você os acredita demais em repouso. Eles não têm nenhum. Eles são como nós, procuram. Passam procurando.

Todo meu mundo vai bem e lhe manda um abraço. Eu não melhoro; mas espero, curada ou não, ainda caminhar para criar minhas netas, e para amá-lo enquanto me restarem forças.

Sand não tinha ilusões sobre a capacidade e a vontade de seu ilustre e obstinado interlocutor de aceitar suas palavras de consolação e de questionar sua visão de mundo. Mas mesmo assim ela se esforça em reconfortá-lo, talvez contando com o caminho subterrâneo das palavras de consolação. Flaubert, aliás, nos últimos anos de vida, reconheceu ter-se enganado em zombar da felicidade e dos bons sentimentos, e em sacrificar sua vida pessoal à sua obra literária (o que no entanto foi uma felicidade para nós, leitoras e leitores).

François de Malherbe

Outro consolador ilustre e talentoso foi Malherbe, com sua célebre *Consolação* endereçada ao amigo Du Périer, que acabara de perder a filha, em 1599.[14] Antigamente, todos os estudantes franceses conheciam esse longo poema e os argumentos de Malherbe: somos mortais, envelhecer não é necessariamente uma sorte, eu também perdi dois filhos... Convido-o, portanto, a uma pequena visita guiada à obra-prima de Malherbe, ou melhor, de alguns trechos.

Malherbe identifica o perigo, a continuidade da desolação em seu amigo:

> *Tua dor, Du Périer, será então eterna,*
> *E as palavras tristes*
> *Que te colocam no espírito a amizade paterna*
> *A aumentarão para sempre?*

> *O infortúnio de tua filha descida ao túmulo*
> *Por uma morte comum*
> *Será algum labirinto ou tua razão perdida*
> *Não consegue se achar?*

Ele reconhece a legitimidade do sofrimento do amigo:

> *Sei de que encantos sua infância estava cheia,*
> *E não empreendi,*
> *Injuriado amigo, aliviar tua dor,*
> *Com desprezo a ela.*

> *Mas ela era do mundo em que as coisas mais belas*
> *Têm o pior destino;*
> *E rosa, ela viveu o que vivem as rosas,*
> *O tempo de uma manhã.*
> *[...]*
> *Mesmo quando acontece de o túmulo separar*
> *O que a natureza uniu,*
> *Aquele que não se comove tem a alma de um bárbaro,*
> *Ou não tem absolutamente nenhuma.*

Ele lembra que o amor pela morta não deve levá-lo a se fazer mal:

> *Mas ser inconsolável e na memória*
> *Encerrar uma dor,*
> *Não seria odiar a si mesmo para obter a glória*
> *De o outro amar?*

Ele explica que também passou por luto semelhante, e que conseguiu sair dele:

> *De minha parte, duas vezes por tal raio*
> *Me vi atingido;*
> *E duas vezes a razão me ajudou tanto*
> *Que dele já não me lembro mais.*

Ele o encoraja a abrir mão de suas ruminações:

> *Não que não seja uma dor o túmulo possuir*
> *O que me foi tão querido;*
> *Mas num acidente para o qual não há remédio,*
> *Não se deve buscar um.*

Ele lembra que ninguém está ao abrigo da dor e convida o amigo à aceitação:

> *A Morte tem rigores sem igual.*
> *Não adianta rezar,*
> *Cruel, ela fecha os ouvidos,*
> *E nos deixa chorar.*

O pobre em sua cabana, onde a palha o cobre,
Está sujeito a suas leis,
E o guarda que zela nas barreiras do Louvre
Dela não defende nossos reis.

Murmurar contra ela e perder a paciência
Não é adequado:
Querer o mesmo que Deus é a única ciência
Que nos faz descansar.

Malherbe era, segundo seus contemporâneos, um homem rude e exigente. Lendo-o hoje talvez pensemos que suas palavras são perfeitas na teoria, mas que só podem funcionar, ou quase, quando estamos em sofrimento. Sua intenção não é o reconforto emocional, mas nos lembrar de uma filosofia de vida diante do inevitável, a exemplo das consolações estoicas da Antiguidade. As pessoas que retiram as melhores lições desse tipo de texto são as que não estão, ou ainda não estão, enlutadas, e esse tipo de consolação tem mais efeito quando antecipada, como uma vacina antes da doença, mais do que como um remédio depois que estamos mergulhados na dor.

Plutarco

Sempre devemos ser prudentes quando se trata de entender o sofrimento dos autores do passado. Eles começam seus discursos consoladores com uma fachada oficial, incitando à sobriedade e à dignidade, como na famosa carta de Plutarco, filósofo grego do Império Romano, para sua esposa, Timoxena, depois da morte da filha do casal, da qual fica sabendo durante uma viagem, longe de Roma:

> *Peço-lhe uma única coisa, minha querida esposa, que conservemos no sofrimento, você e eu, nossa serenidade. De minha parte, conheço e calculo toda a extensão de nossa perda; mas se a encontrar entregue a uma dor excessiva, ficarei ainda mais triste do que pela dor que nos atingiu.*[15]

Aos poucos, porém, Plutarco se entrega às emoções:

> *No entanto, não sou "nem de carvalho nem de pedra", você sabe muito bem, você, com quem dividi a educação de tantos filhos, todos criados por nossos cuidados em nossa casa; sei também a alegria extraordinária que foi, para você, ter uma filha, que você desejava depois do nascimento de quatro filhos, e para mim, poder lhe dar seu nome. Um encanto todo especial se soma, além disso, ao amor que sentimos pelas crianças de tão tenra idade: a alegria que elas nos dão é tão pura e tão livre de toda cólera e repreensão!*

A evocação que ele faz da filha naquele momento adquire um tom profundo e comovente:

> *A natureza havia dado a nossa filha uma amabilidade e uma doçura maravilhosas; sua maneira de responder a nosso carinho e sua diligência em agradar nos encantavam e também nos revelavam a bondade de seu caráter; ela pedia à ama que oferecesse e desse o seio não apenas às outras crianças, mas também aos objetos pessoais e aos brinquedos de que gostava; como se por bondade ela convidasse para sua mesa particular, de certo modo, as coisas que lhe davam prazer, para lhes transmitir o que ela tinha de bom e compartilhar com elas o que tinha de mais agradável.*

Depois, as incitações estoicas voltam a aparecer:

> *Não vejo, minha querida esposa, por que essas características e tantas outras que nos encantavam durante sua vida despertariam em nós aflição e dor, quando pensássemos nelas. Temeria, em vez disso, que junto à dor a lembrança delas se apagasse...*

Céline, em *Viagem ao fim da noite*, coloca em cena a descoberta da *Carta de consolação*, de Plutarco, à esposa por seu herói e alter ego Bardamu, a admiração diante da dignidade no sofrimento, o espanto diante de sua aparente rigidez, e o grito de seu coração: "Afinal, é problema deles, dessas pessoas. A gente talvez sempre se engane quando se trata de julgar o coração dos outros. Quem sabe se não sentiam mesmo tristeza? A tristeza da época?".[16]

Juliette Récamier e François-René de Chateaubriand

No âmbito da autoconsolação, temos as últimas linhas de *Memórias de além-túmulo* – obra-prima da literatura francesa que Chateaubriand escreveu de uma só vez, sem nenhuma repetição ou rasura (como nos informa seu manuscrito):

> *Traçando estas últimas palavras, neste 16 de novembro de 1841, minha janela oeste, que dá para os jardins das Missões Estrangeiras, está aberta: são 6 horas da manhã; vejo a lua pálida e dilatada; ela se abaixa para a flecha dos Invalides, apenas delineada pelo primeiro raio dourado do Oriente; o mundo antigo parece acabar e o novo começar. Vejo as luzes de uma aurora cujo sol não verei nascer. Resta-me sentar à beira de minha cova; então descerei bravamente, com o crucifixo na mão, à eternidade.*[17]

Chateaubriand morreu sete anos depois, mas ele sabia que sua vida havia passado, e, como todo ser humano, devia estar triste e preocupado com a proximidade da morte. Sua maneira de consolar a si mesmo foi concluir sua obra-prima (que só foi publicada, segundo sua vontade, depois de sua morte) com uma encenação à moda antiga de sua partida, teatral e magnífica.

Depois de percorrer o mundo, ele acabou seus dias paralisado, e Victor Hugo conta, em suas *Choses vues*, que Chateaubriand era conduzido todos os dias à cabeceira de sua velha amiga, a Sra. Récamier, que ficara cega: um devia consolar o outro, lembrando as belezas do passado. Mas passemos a palavra a Hugo, testemunha desses momentos:

> *O sr. Chateaubriand, no início de 1847, estava paralítico; a Sra. Récamier estava cega. Todos os dias, às 3 horas, o Sr. Chateaubriand era levado até a cama da Sra. Récamier. Aquilo era comovente e triste. A mulher que não enxergava mais procurava o homem que não sentia mais; suas mãos se encontravam. Que Deus seja louvado! Morrer e ainda amar.*[18]

Estamos na infância

Estamos na infância, mas temos nossos corpos e nossos rostos de adultos. Tenho a impressão de que estamos num maternal em Toulouse, do qual tenho lembranças vagas. Estamos em várias pessoas, amontoadas dentro de um armário, tentando permanecer absolutamente imóveis e silenciosas, como num jogo de esconde-esconde ou cabra-cega, sem ousar respirar por medo de sermos encontrados. Só que dessa vez é sério, porque a Morte é quem nos procura. O armário se torna imenso, ela entra, invisível, mas sabemos que está ali. Ela tateia, como um cego, coloca as mãos bem a meu lado, mas de repente encontra alguém, um pouco mais adiante, e o leva em silêncio. Os outros choram, tento consolá-los; porque eles me dão pena e porque tenho medo, também, que ela nos ouça e retorne. Mas eles me repelem, querem continuar chorando. Pergunto-me como conseguirei consolá-los, quero que parem: por que não querem meu consolo, por que querem continuar chorando, tremendo? E isso me acorda: meu espanto e minha raiva de vê-los recusarem minhas consolações; minha incompreensão, também, porque, obstinando-se a choramingar, eles nos colocam em perigo...

Sonho sobre a morte,
contado por uma amiga durante
a preparação deste livro,
quando perguntei aos amigos
sobre suas experiências de consolação.

RECEBER
E ACEITAR A
CONSOLAÇÃO

Ao longo de nossa vida, recebemos muitas consolações. Sem elas, talvez não estivéssemos aqui, ou talvez estivéssemos muito piores. Se tiver a impressão de nunca ter sido consolado, procure melhor!

É verdade que a consolação faz menos barulho que a agressão e é menos notada que o abandono. Por isso ela é menos lembrada. No entanto, deveríamos nos recordar de todas as vezes em que fomos consolados, ajudados e microconsolados, sem dúvida muito mais do que pensamos; deveríamos nos lembrar de todas as vezes em que as palavras do outro, ou uma nuvem no céu, ou uma inspiração profunda, aliviaram alguma tristeza. Essas lembranças fariam com que nossa confiança na vida, em nós mesmos, na humanidade, fosse fortalecida.

Mas é mais fácil lembrar da tristeza e dos momentos de solidão; a mágoa é mais fácil que a homenagem. Pena…

Receber a consolação

A consolação é como um dom

E nem sempre é fácil receber um dom. Christian Bobin o explica de maneira luminosa: "Está claro: tudo o que tenho me foi dado. [...] Então por que às vezes sinto uma sombra, um peso, uma melancolia? Ora, porque me falta o dom de receber".[1] Esse dom de receber se traduz na capacidade espontânea de não se sentir nem inferior nem devedor em relação àquele que consola.

Para os antropólogos, as trocas dentro das sociedades humanas costumam se basear no princípio de reciprocidade: um *dom* é seguido de um *contradom*;[2] tudo o que recebo devo devolver de outra forma. E, quando estamos em sofrimento, nem sempre nos sentimos capazes de contradom, seja um agradecimento, seja um esforço para satisfazer o consolador. Outras vezes, nossa dor apaga nossa vontade ou nossa capacidade de participar do diálogo representado pela troca consolatória. E toda troca pressupõe uma abertura: "Para ser consolado, deixe o outro se aproximar; abra seu coração, mesmo dilacerado".[3]

A consolação é como um enxerto

Sempre há o risco de rejeição. Pois, se pensarmos bem, aceitar ser consolado é aceitar receber e incorporar um elemento – a consolação – de uma tonalidade oposta à que existe em nós no momento – a desolação –, é aceitar receber um incentivo à vida quando temos vontade de morrer, um incentivo à ação quando temos vontade de nos fechar num canto, um incentivo à confiança quando estamos em desespero. A consolação é como uma perturbação da ordem dolorosa que se instalou em nós. Quem não se lembra de tentar consolar alguém que parece recuperar as forças apenas para repeli-lo e demonstrar que seus argumentos não se aplicam a seu caso? Chegamos com nossas palavras de consolação e somos mandados embora.

RECUSA DA CONSOLAÇÃO

No passado, por muito tempo me recusei a ser consolado. Quando meu avô morreu, lembro-me de sair para chorar sozinho numa alameda do cemitério e de repelir um vizinho que me conheceu criança e gentilmente tentou me reconfortar, afastando-me ainda mais. Eu tinha várias razões para essa recusa de consolação: não queria que meu sofrimento fosse visto (não tínhamos, na família, nenhuma cultura das lágrimas ou do lamento); não queria compartilhar emoções (mais uma vez, hábito familiar de repressão e dissimulação das emoções negativas e positivas); tinha medo de desabar se começasse a ser reconfortado. Deixar-se consolar significava deixar-se levar, e deixar-se levar significava colocar-se em perigo. Cresci negando as feridas emocionais e com muita reticência em ser consolado. Talvez essa seja uma capacidade ou competência que fui buscar ao me tornar psiquiatra. Funcionou: hoje, aceito melhor a consolação; permito-me ficar com lágrimas nos olhos na frente dos mais próximos a mim sem me crispar (demais) ou me sentir em perigo. Tornei-me capaz (aqui está a prova) de falar de minhas fragilidades, embora continue não gostando de demonstrá-las sob influência da emoção e do sofrimento. Esse caminho é semelhante ao de muitas pessoas de minha idade, que cresceram dentro de um ideal de controle das emoções. A boa nova é que me parece que as gerações atuais têm mais clareza sobre tudo isso: elas aceitam melhor a fragilidade e a consolação. O que talvez as torne mais fortes.

A consolação às vezes é como um alimento que queremos forçar aos enlutados

E pode ser que eles não o aceitem. Quando estamos angustiados e preocupamos as pessoas a nosso redor, às vezes elas põem na cabeça que precisamos receber o amor que querem nos dar. Quando em sofrimento, os aflitos não deveriam "comer seu coração" (segundo o provérbio de Erasmo, visto anteriormente), mas deveriam aceitar se nutrir do coração dos outros.

Quanto maior a tragédia do que vivemos, maior o risco de a consolação ser forçada goela abaixo. Todos querem nos reconfortar. Depois de um tempo, saturados, só queremos uma coisa: ficar em paz, fugir das consolações e buscar refúgio num lugar em que as pessoas ignorem nossa dor e não estejam nem aí para ela.

É como se a consolação fosse um alimento, como se ela seguisse o mesmo caminho, precisando ser aceita, engolida, digerida, assimilada e transformada em energia vital. Como no caso do alimento, a quantidade de consolação que podemos receber é limitada. Uma razão a mais, aos que querem consolar, para fazê-lo com sobriedade, leveza, simplicidade: uma palavra, um sorriso ou um gesto bastam para aliviar sem pesar, em vez dos intermináveis desfiles consolatórios que os enlutados com frequência precisam suportar.

Acolher a consolação é uma questão de apego

A psicologia do apego diz que o jeito de nos apegarmos e desapegarmos dos pais, ou de figuras parentais, prefigura várias de nossas atitudes enquanto adultos, diante dos relacionamentos e das dificuldades. Existem três formas de apego infantil:

- No apego "seguro", a criança aprende que suas figuras de apego são confiáveis e afetuosas, que pode confiar nelas e explorar seu meio sem medo: ela será protegida se algo lhe acontecer. Sente que não precisa temer demais as adversidades, porque será ajudada diante delas.
- No apego "inseguro ansioso", a criança confia em suas figuras de apego mas teme perdê-las e, consequentemente, teme que

explorar seu meio a afaste demais de suas bases de segurança. Ela teme a adversidade e pensa que não pode enfrentá-las sem ajuda constante e próxima.
- No apego "inseguro evitante", a criança não tem confiança em suas figuras de apego, nem em ninguém, portanto. Ela teme explorar seu meio. E quando é confrontada à adversidade, pensa que ninguém poderá ajudá-la.

Adultas, as crianças desenvolvem, dependendo de seu perfil de apego, atitudes muito diferentes em relação à consolação, a dar ou receber:

- Os adultos *seguros* percebem a adversidade como um momento em que o vínculo é uma ajuda e um reconforto: eles consolam de bom grado, com as palavras certas, retiradas de suas próprias emoções; e aceitam e apreciam ser consolados. Eles são os *adaptados* da consolação.
- Os adultos *inseguros ansiosos* têm grande necessidade de consolação (quase excessiva) e solicitam bastante (com frequência demais) seus próximos para recebê-la, de novo e de novo; diante do sofrimento do outro, eles tendem a se preocupar e consolar demais, a ver dores em toda parte. Eles são os *insaciáveis* da consolação.
- Os adultos *inseguros evitantes* têm dificuldade de receber qualquer forma de consolação, e mais ainda de expressar e manifestar abertamente que a aceitam, embora possam ser sensíveis a ela secretamente; mas a consolação é uma troca intrusiva demais para eles. Eles também estão pouco aptos a consolar, até mesmo os familiares que amam, por falta de jeito, mas também porque a consolação parece prendê-los a compromissos demais e a promessas de futuro, como se consolar um dia os obrigasse a consolar sempre. Eles são os *deficientes* da consolação (mas podem mudar).

Receber a consolação é um ato de autocuidado

O autocuidado é uma relação amigável consigo mesmo. Não se trata de complacência, ele não exclui a possibilidade de autocrítica e de questionamento, mas leva a considerá-los de maneira tranquila e construtiva, não para se punir, mas para avançar, como numa crítica amigável para ajudar um amigo a pensar, e não para afundá-lo ainda mais.

Essa capacidade não é fácil para algumas pessoas, sempre em guerra com a vida e seus perigos, e, por isso mesmo, sempre em guerra consigo mesmas e suas fraquezas. Elas pensam que a benevolência seja fonte de fraqueza, e que a fraqueza seja fatal. Elas negam o sofrimento e a fragilidade: seu credo diz que é preciso "se mexer", em vez de se deixar levar. E que a necessidade de consolação é uma necessidade de pessoas fracas.

> ▶ ***BURNOUT* E MARATONA**
>
> Sinto que ela vai chorar. Em menos de um minuto, ela vai cair no choro, vejo-o chegando à toda velocidade. Verifico com o canto do olho que minha caixa de lenços de papel está ao alcance da mão, em cima da mesa. Coitada: embora tenha chegado à consulta sorridente, tenha se esforçado para falar de seus infortúnios num tom leve e desapegado, seu sofrimento salta aos olhos. Sinto vontade de lhe dizer para parar com aquele esforço educado ("Não devo incomodar com meus problemas") e de soltar velhos reflexos de dissimulação e autocontrole. Mas sei que é melhor que ela vá até o fim dessa lógica absurda de luta e recusa de sofrimento e tristeza. Depois que ela tiver começado a chorar, poderemos conversar melhor. Mas é estranho que, mesmo numa consulta com o psiquiatra, as pessoas continuem fingindo, controlando o sofrimento à força, ainda que este seja o lugar para baixar a guarda.
>
> Pronto, ela para de falar, tem a respiração entrecortada por um soluço; seus olhos se enchem de lágrimas, seus lábios

tremem; ela começa a chorar. E sua primeira reação é ficar constrangida e pedir desculpas. Respondo-lhe com gentileza que é normal chorar ao falar de coisas dolorosas, em especial de coisas que costumamos esconder. Deixo que ela assoe o nariz. Eu lhe faria um carinho para consolá-la, mas em meu trabalho essa não é uma boa ideia. Então me contento em ser gentil, em sorrir, em deixá-la recuperar o fôlego.

Ela me fala de sua depressão do ano anterior, ligada a um enorme excesso de dedicação ao trabalho e a um imenso déficit de autocuidado. Por muitos anos, ela trabalhou como uma louca, inebriada de poder, mas negligenciando todo o equilíbrio de sua vida. Até que não aguentou, a degringolada começou: *burnout*, depressão por esgotamento. Ela está melhor hoje, graças aos antidepressivos, mas quer saber se a meditação pode ajudá-la a não recair. Claro que pode. E um pouco de autocuidado também.

Antes de começar a chorar, ela me disse que, para se "redinamizar" depois do *burnout*, começou a correr longas distâncias e treinar intensivamente para uma maratona. Fiquei surpreso: depois da pressão do trabalho, ela queria entrar na pressão de uma maratona? Seria uma boa ideia? Não seria melhor ela pensar em atividades mais restaurativas, como o descanso, o relaxamento, o *far niente*? Buscar, em vez de "redinamização", recuperação, convalescença e delicadeza consigo mesma?

Mas ela não pensa como eu. Desde sempre, funciona sob pressão. Quando sofre, abaixa a cabeça e faz ainda mais força. Quando estoura, começa a se culpar, sentindo-se um fracasso. E, quando melhora, começa tudo de novo, como antes. Temos um longo caminho pela frente.[4]

O autocuidado, assim como o cuidado com os outros, leva-nos a aceitar nossos sofrimentos e a não vê-los como fraquezas, mas como expressão de nossa humanidade. Todas as pessoas sofrem, abertamente ou em segredo. E a bondade que damos, que nos damos, ou que recebemos, é como um curativo para nossos ferimentos: não muda a situação, mas facilita a cicatrização das feridas emocionais e o retorno ao movimento da vida. A prática do autocuidado, que em si mesma é uma consolação, também nos torna mais aptos para receber as consolações dos outros, quando precisamos.

Abrir-se para a consolação é um ato de humildade

Como médico, muitas vezes me perguntei por que tendemos a aceitar um tratamento mais do que uma consolação. Seria porque o primeiro alivia na hora, e o segundo não? O tratamento é pontual e não exige nosso envolvimento e nossa participação; a consolação exige esforço: no mínimo, ouvi-la e aceitá-la. Talvez alguns aceitem mais facilmente o tratamento do que a consolação, porque aceitar ser consolado é aceitar uma inferioridade, mesmo que transitória. Consolamos os vencidos. Os vencedores só precisam de tratamento se estiverem feridos.

Aceitar ser consolado é aceitar estar fraco e receber ajuda. Receber consolo está ligado à humildade, sem dúvida. Os narcisistas não gostam de ser consolados (e com frequência não querem ser). Algumas pessoas não esperam consolo, mas atenção, admiração. Elas querem ser únicas, ao passo que aceitar a consolação as banaliza, normaliza-as, torna-as comuns (é o que elas temem, ao menos) num momento em que elas não gostariam de sê-lo por seus sofrimentos.

> ### UMA HISTÓRIA DE ORGULHO E CONSOLAÇÃO
> Durante uma reunião de família, uma mulher começou a chorar, porque um de seus filhos, rapaz alegre e simpático, mas pouco confiável, que morava longe e se juntaria a todos para a reunião prevista para o fim de semana, perdera o trem, sem dúvida depois de uma noite de bebedeira. Uma prima tentou consolá-la, dizendo que já tivera o mesmo tipo de preocupação com o próprio filho. Mas a mulher passou das

> lágrimas à raiva, dizendo que aquilo não a consolava nem um pouco e que não estava nem aí para o sofrimento dos outros. A prima cometeu um duplo erro de estratégia consolatória: erro de *timing* (consolar cedo demais) e erro de narcisismo (sugerir que aquele sofrimento não é único). A mulher que chorava não queria apenas ser consolada, mas também que sentissem pena dela e até a admirassem. Em seu caso, a máxima "quando me olho, me desolo; quando me comparo, me consolo" não se aplicava.

Algumas pessoas não querem, na verdade, ser consoladas ou aconselhadas, apenas receber atenção. Quando queremos reconfortar alguém, é importante não confundir necessidade de ser consolado e necessidade de ser lamentado. Ser lamentado às vezes confere, a algumas pessoas, prestígio e grandeza; ser consolado, não.

É comum observar que as pessoas que se lamentam de maneira recorrente dão mais importância do que parece à sua condição de vítimas, e querem, na verdade, ser admiradas por seu infortúnio e estoicismo. Existe em francês uma palavra antiga hoje pouco utilizada: "*dolent*". A pessoa dolente é aquela que "se sente infeliz e tenta ser lamentada". É surpreendente não existir uma palavra para a pessoa que "se sente infeliz e tenta ser consolada". Seja como for, seja prudente ao consolar um dolente!

Os inconsoláveis

Na comédia humana – um pouco triste – da consolação, existem personagens marcantes: os insaciáveis (que querem sempre mais), os miseráveis (não consolados e esquecidos) e os inconsoláveis (que a repelem).

Grandeza ou rigidez dos inconsoláveis?

A postura da pessoa inconsolável tem algo de fascinante. Como diz o célebre verso de Nerval: "Sou o tenebroso, o viúvo, o inconsolado...".[5] E como não reconhecer a beleza e a dignidade trágicas da figura do inconsolável? De longe, em todo caso.

E de perto? Como todos os radicalismos, ele tem algo de mortífero e pode revelar uma cegueira intransigente. Pois aceitar a consolação às vezes é entendido como um rebaixamento, uma submissão deselegante à tristeza e ao luto; a consolação, aos olhos de alguns inconsoláveis, assemelha-se a uma indulgência com o real, a uma contemporização com a vida no que ela tem de injusta e imperfeita. E por isso eles a repelem.

O inconsolável coração partido das mães enlutadas

A inconsolabilidade também depende da violência do sofrimento, e é por isso que, apesar das consolações recebidas, quase sempre persiste algo de inconsolável no coração dos enlutados. Uma certeza – depois de imensas tristezas, traumas, perdas irremediáveis – de que a vida nunca mais será como antes. Essa aflição permanece viva em muitas pessoas depois do luto. E chega ao apogeu quando da perda de um filho. Encontramos, ao longo dos relatos da história humana, por exemplo, na Bíblia, inúmeras figuras de pais enlutados, que repelem todo tipo de consolo. De pais que gritam sua dor, como Jacó chorando José: "Todos os seus filhos e todas as suas filhas vieram consolá-lo, mas ele recusou ser consolado".[6] Mas as mães aparecem em maior número, e com frequência é nelas que a ferida parece nunca poder se fechar, como em Raquel, "que chora a morte de seus filhos e não quer ser consolada".[7]

Num belo testemunho, a jornalista Laure Adler, que perdeu o filho em seu primeiro ano de vida, conta: "Sou inconsolável, mas não decidi que seria. [...] No início, esperamos que o tempo – como todo mundo sempre insiste em dizer – 'resolverá as coisas'. [...] Na verdade, quanto mais os anos passam, mais inconsolável me torno". Ela descreve com muita exatidão a persistência de uma dor subterrânea, reavivada por pequenas coisas (uma sirene de ambulância) ou por nada específico: "Sou sacudida, em certos momentos, por soluços irrefreáveis, que sobem do baixo-ventre à garganta, sem que consiga controlá-los, às vezes com tanta força que chego a ficar sem ar. [...] Isso me acontece várias vezes por ano, sempre quando estou sozinha, quase sempre em silêncio. No resto do tempo, não sei onde está minha tristeza".[8]

Outra mãe enlutada, Anne-Dauphine Julliand, também menciona sua inconsolabilidade: "Não existe vida depois do sofrimento, depois da tragédia, mas vida com sofrimento".[9]

A inconsolabilidade pode não ter um caráter externalizado, espetacular ou evidente, e revelar-se uma simples constância subterrânea de uma tristeza às vezes indizível. Um dia li uma lembrança da filósofa Élisabeth de Fontenay, que perdeu cinco membros da família próxima em Auschwitz: "Nunca me recuperei; recupero-me cada vez menos".[10] Podemos permanecer secretamente inconsoláveis da violência do mundo, presente ou passada.

As recusas desesperadas de consolação

Mas a inconsolabilidade também pode resultar de uma luta feroz para permanecer num sofrimento que é visto como uma fidelidade (para os enlutados) ou uma lucidez (para alguns espíritos sombrios e românticos). Como para o escritor sueco Stig Dagerman, que nos deixou um livro célebre sobre o tema, joia breve e desesperada, e mesmo venenosa: "Nossa necessidade de consolação é insaciável".[11]

As fontes de sua tristeza crônica, e de suas tendências depressivas, residiam em seu abandono precoce pela mãe. Apesar de ter sido criado pelo pai e pelos avós, de ter criado sua própria família e de ter se tornado famoso como escritor, ele permaneceu assombrado por uma violenta tendência à autodestruição, à tristeza profunda e a uma recusa radical de toda forma de consolação: "Com uma alegria amarga, desejo ver minhas casas caírem em ruína, e ver a mim mesmo soterrado pela neve do esquecimento. A depressão é uma boneca russa: na última boneca há uma faca, uma lâmina de barbear, veneno, águas profundas e um salto num grande abismo".

Dagerman parecia ver todo tipo de consolação como uma indulgência, quase um rebaixamento: "No que me concerne, acosso a consolação como um caçador, sua caça. Onde quer que eu acredite percebê-la na floresta, atiro"; "Mas também há consolações que vêm a mim sem ser convidadas e que enchem meu quarto de cochichos odiosos".

Seu verdadeiro ideal de consolação era a liberdade: "[...] para mim, uma única consolação é real, a que me diz que sou um homem livre, um indivíduo inviolável, um ser soberano dentro de seus limites". Mas uma liberdade teórica, porque perfeita, absoluta e solitária: uma liberdade impossível de atingir, portanto. Dagerman se suicidou aos 31 anos, atormentado pela depressão e também isolado e enfraquecido pela radical recusa de reconforto.

Algumas pessoas parecem querer manter suas chagas abertas, fascinadas por uma espécie de lógica niilista: "*Alguma coisa* sempre tem defeitos; somente o *nada* é perfeito".[12] Da mesma forma, *alguém* sempre tem defeitos, somente *ninguém* é perfeito. Assim, exclamar "Ninguém nunca poderá me consolar" representa uma mistura de orgulho e desespero. O moralista Cioran escreveu ao amigo Liiceanu: "Um grande insone cultiva o sentimento extraordinariamente lisonjeiro de não mais fazer parte da humanidade comum".[13] Seria uma maneira de se consolar das terríveis insônias que o afligiam? Seja como for, não julguemos essas atitudes, cada um faz o que pode com o que tem. Evitemos imitá-las ou perder nosso rumo: é sempre um erro endurecer o coração. É por isso que gosto de uma frase de Romain Gary: "O nada só se instala no coração do homem que não tem coração".[14] Melhor mantermos o coração aquecido.

Consolar é amar. E aceitar ser consolado é aceitar ser amado

"História de uma garotinha que tem, como único brinquedo, uma velha boneca suja e rasgada. Alguém lhe diz: 'Como sua boneca é feia!'. Ela pega a boneca, enche-a de carícias e responde, estendendo-a a seu interlocutor: 'Agora ela ficou bonita!'." Essa pequena história, contada por Gustave Thibon,[15] fala de uma boneca transformada pelo afeto de uma menina. Nossas tristezas de adultos também podem ser transformadas pelo amor das outras pessoas?

"Não podemos fazer muitas coisas grandes, somente pequenas, mas com muito amor." Essa citação, atribuída a Madre Teresa,[16] é perfeita para a consolação: a pessoa que consola tem consciência disso, sabe que é a única coisa que ela pode dar, que nada de concreto mudará e que ela não receberá nada em troca. E, do outro lado, a pessoa que é consolada está num momento fraco e impotente, e não pode devolver nada, ou muito pouco. No entanto, em quase todos esses *quase nada*, a marca da consolação pode sobreviver, para sempre.

O amor constrói ou destrói as pessoas, o amor que recebemos ou que nos falta, o amor que pedimos ou que damos. Presença ou ausência, insuficiência ou excesso de amor: todas as vidas humanas poderiam em grande parte ser compreendidas nesses termos.

Muitas vezes nos enganamos ao buscar o amor de maneira romântica, como no pedido da escritora Catherine Pozzi, que amou Paul Valéry: "Dê-me o amor ou dê-me a morte".[17] O amor-paixão pode ser uma inspiração, mas muitas vezes é fonte de perturbações e desolações. A verdade do que nos consola está muito mais no amor humilde e cotidiano, um amor que não faz pose e não olha de cima.

"Ainda que eu falasse todas as línguas dos homens e dos anjos, se não tivesse caridade, se me faltasse amor, eu seria apenas como o metal que soa ou como o sino que tine." Quando São Paulo, na Primeira Epístola aos Coríntios, celebra as virtudes do amor, ele não se refere ao amor romântico por uma pessoa, mas à *caridade* cristã, que é o amor bondoso ao próximo, quem quer que ele seja.

Dois milênios depois, Barbara Fredrickson, uma das pesquisadoras de ponta no campo da psicologia positiva, fala mais ou menos a mesma coisa[18]: segundo ela, o amor é "a emoção suprema", indispensável, e de inúmeros benefícios. Mas, como São Paulo, ela fala de uma emoção muito mais ampla, mais vasta, mais profunda e onipresente do que o tradicional sentimento amoroso. Esse amor tem várias formas de expressão (da paixão ao afeto), concerne a quase todos os nossos semelhantes, e não é possessivo, mas voluntário: desejamos o bem do outro tanto quanto, ou mais, o nosso.

O amor que consola é um amor de mil faces: as palavras afetuosas de um amigo, o apoio de um colega de trabalho, a gentileza de um vizinho. Essa emoção simples e benevolente não necessariamente se apresenta na forma de algo concreto, de manifestações e expressões permanentes, mas de fenômenos passageiros, que podem ser reativados e renovados *ao infinito* por toda a nossa vida. Essa concepção do amor é muito mais ampla e aberta do que nossa visão tradicional, mas também muito mais flexível e mutável. Um amor duradouro entre duas pessoas nada mais é que uma renovação regular desses momentos de ressonância afetiva. As emoções não duram, e o amor tampouco, mas a repetição de momentos amorosos nutre, enriquece, consolida e torna as relações agradáveis de viver e sentir.

Nesse sentido, a consolação é um ato de amor, entre os mais belos que existem. Seu âmbito é o da compaixão: aproximamo-nos da pessoa que sofre, em vez de nos afastarmos, e nos aproximamos afetuosamente. Esta é sua diferença com a empatia: a compaixão é empatia com amor. Ou *afeto*, se a palavra "amor" incomodar; a palavra "afeto" também é muito bonita!

★★★

O amor nutre a consolação, para consoladores e consolados. Para os primeiros, o amor dá forças para fazer o bem, sem queixas e sem esperar resultados ou reciprocidade; e para aceitar ataques e críticas por ter consolado mal. Para os segundos, o amor dá forças para aceitar os conselhos recebidos, sem hostilidade. Precisamos aceitar a suspensão de nossas certezas ligadas ao sofrimento: "Eu que sofro, portanto eu que sei; eu que sei o que é bom para mim, do que preciso, o que os outros precisam dizer, fazer…".

Conheci muitos pacientes, e muitas pessoas, que começavam respondendo "Sim, mas…" às minhas recomendações, que explicavam com todas as forças que não conseguiriam segui-las; mas que acabavam colocando-as em práticas, anos depois. Por que estamos tão seguros de nós, tão convencidos de que sabemos, sozinhos, o que pode nos ajudar e consolar? Por que o sofrimento nos torna rígidos em vez de flexíveis? Se os conselhos recebidos durante uma consolação nos incomodam, façamos força para não rejeitá-los, mas filtrá-los: dispensemos as partículas de conselho, se elas nos irritarem, e guardemos as partículas de amor!

Aceitar a consolação: uma atitude existencial

Henry David Thoreau escreve em seu *Diário*, em janeiro de 1860: "Só recebemos – fisicamente, intelectualmente ou moralmente – aquilo que estamos preparados para receber. [...] Só ouvimos e percebemos o que já conhecemos um pouco".[19] E acolhemos a consolação em função de nossa visão de mundo: estamos prontos para aceitar que a vida possa nos ferir? Nossa relação com a consolação conta um pouco de nossa maneira de encarar o mundo.

> **UMA MULHER NA PLATAFORMA**
>
> Cena observada durante uma viagem de trem. Durante uma parada numa estação, vejo na plataforma vários agentes ferroviários em torno de uma senhora numa cadeira de rodas, com uma máquina para ajudá-la a subir no trem. A manobra é rápida, a mulher é embarcada e instalada em poucos minutos no lugar adaptado para pessoas com deficiência. Fico impressionado com a eficácia do mecanismo e fico contente por ela: é realmente bom que aquilo lhe permita viajar como todo mundo. Depois me pergunto se ela também está contente, ou não? Será que todo aquele dispositivo a consola um pouco de sua deficiência? – "Tenho o azar de estar paralisada e a sorte de viver numa sociedade que se esforça para me ajudar." Ou será que a desola, lembrando-lhe

> que ela não é como os outros? – "Eu gostaria muito de subir no trem com minhas próprias pernas, sem precisar mobilizar tanta gente." A diferença entre a desolação e a consolação às vezes é uma questão de ponto de vista, como vários aspectos da vida humana. E o mesmo pode ser dito sobre todas as formas de ajuda: devemos nos alegrar por recebê-la ou nos incomodar por precisar dela? Toda consolação também pode ser uma desolação.

Precisamos nos manter consoláveis quando em sofrimento, o que exige bastante trabalho quando estamos em meio à dor e à desolação: não devemos endurecer demais, ou culpar demais os que não sofrem; precisamos aceitar a consolação sem julgá-la, confiar para sermos nutridos pelo afeto e pela ajuda oferecida, ser fortalecidos por ela sem necessariamente nos sentirmos obrigados a seguir os conselhos recebidos; precisamos identificar a gentileza por trás da falta de jeito.

Aceitar ser consolado é fazer uma coisa muito difícil, da qual nem nos damos conta na hora, mas que explica algumas de nossas reticências: é reconhecer que aquilo que está perdido talvez nunca mais volte. Aceitar a ideia de que outro mundo acaba de nascer, um mundo que não escolhemos e no qual precisaremos viver a partir de então.

O engajamento com a consolação não vem da guerra contra a adversidade, mas da paz com a realidade, com o destino, com a espécie humana – regra absoluta: não culpar ninguém pelo que acontece conosco –, e da reconstrução. Sempre precisamos nos render para sermos reconfortados e consolados. E não aceitamos a consolação quando ainda estamos em guerra (às vezes é acertado continuar em guerra, no fim das contas), quando pensamos que ainda podemos mudar a realidade e recuperar o controle das coisas.

Para ser consolado, é preciso se desapegar de si mesmo e avançar na direção de outra coisa que não o sofrimento. Para ser consolado, é preciso ampliar seu ponto de vista e aceitar olhar para o mundo, não apenas para sua perda e seu sofrimento – o mundo como ele é, por inteiro: não apenas para seus problemas e suas dores, mas também para suas belezas e suas bondades. Assim, toda uma visão de vida e toda uma sabedoria talvez se revelem em nossa maneira de receber a consolação.

Este é meu único consolo

Este é meu único consolo. Sei que as recaídas no desespero serão numerosas e profundas, mas a lembrança do milagre da libertação me carrega como asas na direção de um objetivo que me dá vertigem: uma consolação que seja mais que uma consolação e maior que uma filosofia, ou seja, uma razão de viver.

Stig Dagerman,
dois anos antes de se suicidar, em 1954.[20]

OS CAMINHOS DA CONSOLAÇÃO

O salmo 22 da Bíblia diz: "Colocaram minha alma na boa direção".[1] E é exatamente isso que às vezes sentimos: quando nos vemos perdidos em nossa própria vida, uma pessoa, uma leitura ou uma experiência colocam nossa alma na *boa direção*; nada é resolvido, mas compreendemos melhor o que precisamos fazer, avistamos o caminho que nos falta percorrer. Resta percorrê-lo.

A consolação se esforça em colocar nossa alma na boa direção; não podemos obrigá-la a segui-la, mas nos esforçamos em levar nosso olhar para a vida e não para a morte, para a felicidade e não para a desolação, para o sentido e não para a incoerência, para a harmonia e não para o tumulto.

Na verdade, não existe apenas *uma* boa direção, mas uma infinidade de boas direções. A consolação está em toda parte: na força da natureza, no movimento da ação, nos benefícios da arte, no despojamento da meditação, nas histórias que contamos sobre o destino ou sobre o sentido da vida, nos mistérios da fé e dos rostos que nos consolam do além...

Inúmeros são os caminhos da consolação. Mas somente nós podemos percorrê-los: ninguém os percorrerá em nosso lugar.

A natureza, grande consoladora

Em agosto de 1937, durante o terror stalinista na União Soviética, a militante comunista Eugenia Ginzburg esperava a sentença de seu julgamento político, obviamente perdido de antemão. Em vez de se lamentar, ela ergueu a cabeça e olhou para fora do tribunal: "Para além das janelas se erguem grandes árvores escuras; ouço com emoção o murmúrio secreto e fresco das folhas. Sinto ouvi-lo pela primeira vez. Como o murmúrio das folhas me comove!".[2] Consolada, apesar da injustiça.

Viktor Frankl, sobrevivente dos campos nazistas, conta em suas memórias como ele se esforçava para manter a humanidade e a dignidade, e lembra o seguinte: "Acontecia de, à noite, quando estávamos deitados no chão de terra batida do barracão, mortos de cansaço depois do dia de trabalho, com as gamelas de sopa nas mãos, um camarada entrar correndo de repente e nos suplicar para ir à praça de chamada, para não perdermos, apesar de nossa exaustão e apesar do frio na rua, uma maravilhoso pôr do Sol".[3] Consolados, apesar do horror.

Com "o crânio afundado, o ventre paralisado, os pulmões cicatrizados, a coluna com pregos e o rosto disforme", Sylvain Tesson está em seu quarto de hospital após um acidente: "Pela janela, uma árvore me insuflou sua alegria vibrante".[4] Consolado, apesar da dor.

Biofilia e bioconsolação

Basta abrir um livro sobre superações de todos os tipos para ver que a natureza costuma ser uma fonte imensa de reconforto. E que seus benefícios vão muito além de uma simples fuga da realidade dolorosa; eles são fruto de uma inteligência vital e profunda, de um reflexo imemorial.

Voltar-se para a natureza durante a tristeza e a adversidade é mais que uma distração, é uma forma de consolação. Que tem ares de regressão, mas é consoladora: uma regressão compreendida como um enraizamento. Voltar a ser animal, e mesmo vegetal, sem palavras e, portanto, sem males supérfluos. Etty Hillesum escreve: "É preciso tornar-se tão simples e tão mudo quanto o trigo que cresce ou a chuva que cai. É preciso contentar-se em ser".[5] Deixando o mundo da mente, descobrimos que às vezes podemos deixar o universo do *sofrimento* mental e nos contentar em enfrentar a adversidade presente, sem lhe acrescentar a de nossos pensamentos.

Na base do amor dos seres humanos pela natureza está a *biofilia*: sentimento obscuro e profundo de que nela está nosso lugar, e de que nela também está a essência do que pode nos nutrir, sustentar, reparar, consolar. O além talvez seja magnífico, nele tudo talvez seja restaurado e reparado, todas as nossas feridas talvez sejam curadas para sempre; mas o nosso mundo é consolador.

As consolações da natureza vão além da ajuda pontual de um instante de alívio oferecido por sua contemplação. Elas também se estendem no tempo, para aguentarmos firme diante de uma adversidade prolongada, como conta Rosa Luxemburgo.[6]

Carta de 15 de março de 1917:

Além disso, acredite, o tempo que passo encarcerada – como tantos outros, aliás – não é perdido. Ele aparecerá de um jeito ou de outro no grande equilíbrio das contas. [...] E no fim, sem dúvida, tudo se esclarecerá [...]; afinal, já me alegro tanto com a vida. [...]

Todos os dias visito uma pequeníssima joaninha vermelha com dois pontinhos pretos nas costas, que mantenho viva há uma semana sobre um galho, apesar do vento e do frio, numa quente atadura de algodão; olho para as nuvens, sempre novas e a cada vez mais belas – no fundo, não me sinto mais importante do que essa pequena joaninha; e na sensação dessa ínfima pequenez, sinto-me indizivelmente feliz.

Carta de 20 de julho de 1917:

O que me interessa nessa pavimentação é a variedade de cores: todos esses vermelhos, esses azuis, os verdes, os cinzas. Acima de tudo, durante esse longo inverno em que a vegetação se fazia esperar, meus olhos, famintos de cores, procuraram nessas pedras variações e estímulos. [...]

Corri à janela e me mantive imóvel, como que enfeitiçada: no cinza monótono do céu, uma grande nuvem pairava a leste, de um rosa de uma beleza sobrenatural, sozinha, separada de tudo, como um sorriso ou um bom-dia vindo de lonjuras desconhecidas. Respirei profundamente, como libertada... [...]

Se existem cores e formas como aquela, então a vida é bela e digna de ser vivida, não é mesmo? [...]

A vida também canta na areia que range sob os passos lentos e pesados da sentinela quando sabemos ouvir.

Nesse momento da história de nosso planeta, em que a natureza corre perigo, estudos revelam o quanto ela é benéfica para a saúde das pessoas,⁷ tanto do corpo quando da mente, estreitamente ligadas. Mas a natureza também é consoladora: com doçura, amplia nossa atenção para além de nosso sofrimento; ela nos proporciona uma sensação de pertencimento a algo maior; ela nos expõe a uma beleza sem alarde... Enfim, não surpreende que nos ajude, mesmo quando estamos deprimidos, a aliviar nossas tristezas⁸ e a despertar sensações de paz.⁹

A natureza nos reconecta a seu longo tempo, um tempo tranquilo que também é móvel e cambiante; o sofrimento, por sua vez, aprisiona-nos num tempo presente imóvel e fixo à dor. A floresta, o mar, a montanha e o céu estavam aqui antes de nós, continuarão aqui depois de nós. Isso poderia nos desesperar, mas costuma nos consolar. Por quê? Porque percebemos que a natureza não é externa (senão, sentiríamos tristeza e solidão), mas interna: pertencemos a ela, ela nos envolve, somos um fruto de sua imensa família. Ela é nosso eu ampliado ao infinito. Ela volta nossa atenção para algo além de nós mesmos e de nossa condição humana: "Na medida em que me separo do mundo é que temo a morte, na medida em que me vinculo ao destino dos homens que vivem, em vez de contemplar o céu que permanece",¹⁰ escreveu Albert Camus.

▶ TRANQUILIDADE DOS PICOS

Numa manhã de verão, na casa de amigos, ao alvorecer. A casa ainda dorme, vou até a sacada, o dia nasce, estou sozinho com o céu, as montanhas e o grande lago calmo que ainda parece dormir; rumores longínquos de carros começam a subir da estrada que atravessa o vale e chegam até mim, abafados: os irmãos humanos voltam à agitação. Este lugar no mundo, neste momento, emana serenidade. Nutro-me dela, fundo-me a ela, dissolvo-me nela. Não existo como pessoa, apenas como parte tranquila e invulnerável de um grande todo, não estou mais ao lado do mundo, mas dentro do mundo. Tenho a sensação de não precisar ser consolado de nada. Por que um pensamento sobre o sofrimento e a necessidade de consolação neste momento? Não sei: talvez por estar num momento fora do tempo, tão incomum e tão simples, tão nos antípodas dos tormentos do cotidiano. Talvez por estar imerso na única consolação certa deste mundo: sentir a vida, universal e eterna. Pergunto-me se estou tendo uma ilusão ou uma revelação; não sei a resposta, é claro; então digo a mim mesmo que em todo caso tenho certeza dessa sensação, tão forte que responde a tudo, neste instante. A serenidade como ausência de tormentos, e ausência de necessidade de consolação. Sem dores presentes, dores passadas apagadas, dores futuras afastadas. Esses momentos de plena consciência do mundo reforçam nossa capacidade de viver e enfrentar as adversidades? Neste momento, estou convencido disso. Como me sinto? Não me sinto "forte", porque não há necessidade de força neste lugar onde descanso minha mente. Sinto-me estável, capaz, no lugar certo. Não me sinto forte, mas com a impressão de captar uma força que circula a meu redor, de me nutrir dela. Assim como há pessoas que nos nutrem, e outras que nos vampirizam, alguns ambientes nos tiram (a cidade, ou melhor, o excesso de cidade) e outros nos dão (a natureza).

Reconforto animal

A consolação também pode ser proporcionada pelos animais. O animal, como a natureza, tem uma tranquila indiferença a nossos males; em todo caso, à parte inútil de nossos males: indiferença a seu significado, seu alcance, a nossas dramatizações e conversas internas, preocupadas e sombrias. O animal percebe apenas nossa aflição e é capaz de intencionalidade afetiva em relação a nós: "Deveríamos agradecer aos animais por sua inocência fabulosa e ficar gratos por pousarem sobre nós a doçura de seus olhos inquietos sem nunca nos condenar".[11]

Vários estudos confirmam o efeito da presença de um animal de companhia sobre o bem-estar, sobretudo em crianças em situações de sofrimento – do divórcio dos pais à guerra, passando pelo confinamento durante a pandemia de covid-19.[12] Mas esses resultados sobre as pessoas em sofrimento não são sistemáticos: não basta comprar um animal de estimação para ficar bem ou se sentir consolado; a qualidade do laço que estabelecemos com ele ao longo do tempo, a realidade de nossa relação e o tempo passado juntos é que se revelam eficientes, não a simples posse de um cachorro ou de um gato.[13]

Lembro-me de um amigo naturopata, na fase terminal de um câncer, contar-me que observava a respiração de seus cães, dormindo a seu lado, e que a presença deles, seu amor incondicional, sua companhia constante, calma e sem preocupações ou solicitude forçada, reconfortavam-no. Os cães sempre nos amam de todo o coração, indiferentes a nossas infelicidades, nossos fracassos, nossos abismos; nunca impressionados com nossas doenças, mesmo mortais, nunca desencorajados com queixas ou humores sombrios, estão dispostos a nos acompanhar até nosso último suspiro.

A consolação também pode ser proporcionada por animais selvagens. Há reconforto na contemplação do movimento dos pássaros, dos insetos. Num texto comovente, o escritor Louis-René des Forêts, que está cansado, velho e no fim da vida, contempla os milhares de insetos de seu jardim, comovido até as lágrimas – consolado? – por seu caráter industrioso: "A contemplação dessas valentes criaturinhas em atividade incessante o faz ficar com lágrimas nos olhos, seja por compaixão senil diante de si mesmo, relegado à inação, seja pela emotividade diante daquele teatro em miniatura da vida sazonal em que, de sua parte, ele só é animado pela ausência de esperança".[14] Mesmo quando estamos derrubados e exaustos, o espetáculo da vida faz renascer um pouco de vida em nós mesmos.

Podemos ser consolados pelo voo dos pássaros, pela atividade dos insetos, pelo passo desajeitado do escaravelho, porque somos absorvidos pelo que vemos, e devolvidos à potência da vida.

Um paciente, reconfortado pela contemplação das árvores, disse-me um dia: "Uma árvore não se faz perguntas; ela cresce, vive, faz bem a um monte de animais, como nós; cumpre sua missão e depois morre; às vezes, renasce em outro lugar; então nos dizemos que o mesmo acontecerá conosco, ainda que esteja além de nós".

Ações e distrações

"Assim que soube de sua desgraça, dei-me como ponto de honra escrever-lhe para comunicar meu desprazer; e agora escrevo para lhe dizer que ao menos devemos evitar a tristeza enquanto ainda não estiver em nosso poder experimentar a alegria. Se houver pessoas honestas no lugar em que você está, a conversa com elas poderá lhe consolar das coisas que você perdeu. E, se não as encontrar, os livros e a boa comida podem ser de grande auxílio e de consolação bastante agradável."[15]

Nessa carta datada de 1674 e endereçada ao conde d'Olonne, afastado da corte e "exilado" em Orléans, Saint-Évremond, guerreiro, letrado e homem do mundo, propõe um programa consolador que pode parecer um pouco simplista. Podemos desculpá-lo: a psicologia não existia à época; mas seu programa bondoso e amigável talvez estivesse de acordo com os gostos e as capacidades do conde. E ele teve a virtude de incitar seu correspondente à ação, aos relacionamentos e à distração.

A desolação nos fixa e imobiliza. Fomos programados assim, sem dúvida pela herança de nossos reflexos, inicialmente concebidos para enfrentar a dor física e para imobilizar o corpo, ou a parte do corpo em sofrimento. Mas a dor moral também nos imobiliza, e então a dimensão comportamental da tristeza se impõe: desaceleração, prostração.

Na desolação, mesmo quando tudo começa com as desordenadas gesticulações da lamentação, a tentação do retraimento e da imobilidade costuma triunfar e agravar nossa sensação de dor. Por isso o reconforto trazido pelo movimento e pela ação.

As consolações da ação são reais. Mesmo no auge da desolação, quando sabemos que vamos decair e morrer, mesmo quando perdemos um familiar, a ação reorienta nossa atenção para uma ocupação externa, enquanto o sofrimento nos desvia do mundo que nos cerca, imobiliza-nos e sempre nos leva de volta para nós mesmos e nossa dor.

Nos momentos de grande tristeza, a ação é como um analgésico, que não resolve nada, mas alivia a dor. Pífia consolação, mas real apaziguamento. A ação alivia, começa por aliviar.

Num primeiro momento, em virtude da ação, esquecemos por um breve instante que sofremos e que estamos infelizes.

Depois, num segundo momento, algo que se aproxima de uma verdadeira consolação pode emergir: o alívio, uma vez interrompido, devolve-nos exatamente para o mesmo ponto de tristeza; a consolação, por sua vez, faz-nos avançar levemente e mudar imperceptivelmente. Por meio de qual mecanismo? Por meio da ação, que pode nos permitir um vínculo com o outro na ação compartilhada, com o mundo e consigo mesmo pela capacidade de agir (sentir-se capaz de atuar sobre si mesmo ou sobre seu meio), em suma, por uma forma de reconexão com o movimento da vida que o infortúnio, a grande aflição e a tristeza imobilizam e fixam.

Algumas pessoas se refugiam na ação como uma droga: quando em luto, muitos se esgotam no trabalho ou em exercícios físicos, como um vício. Para esquecer o sofrimento. Claro que o bom uso da ação, no âmbito da consolação, não é a busca de amnésia e esgotamento (cansamos o corpo ou a mente para cansar a dor). Mas antes um uso da ação como maneira de suspender temporariamente a tristeza que nos faz girar em círculos e o sofrimento que nos enlouquece; com a esperança de que o retorno ao pesar, pouco a pouco, seja menos doloroso.

Caminhar para se consolar

Entre as ações mais simples e mais reconfortantes está a caminhada: ela nos faz voltar ao primitivo, ao essencial, ao momento presente. Ela é um alívio inicial, e uma verdadeira consolação quando nos entregamos a ela, ao momento, a cada passo. A caminhada restabelece o corpo, a simplicidade, a animalidade, isto é, a vida mais elementar e, portanto, mais *incontestável*. Como a natureza, a caminhada é boa para todos, sofredores ou não.[16] E como a natureza, ela traz algo especial aos desolados[17]: desvia a atenção de um eu imobilizado no sofrimento para um eu que segue em frente; acalma o desconforto das emoções por meio da repetição hipnótica dos passos; transporta para fora e obriga a olhar para outra coisa que não as paredes de seu refúgio.

> **CAMINHAR DEPOIS DO HORROR**
> Algumas semanas depois da libertação do campo de Auschwitz, Primo Levi, mesmo doente, percorreu com avidez os arredores de Katowice para fazer a vida entrar em todas as fibras de seu corpo: "Caminhei por horas no maravilhoso ar da manhã, aspirando-o como um remédio até o fundo de meus pulmões deteriorados. Não estava muito seguro sobre minhas pernas, por certo, mas sentia uma necessidade imperiosa de tomar posse de meu corpo pela caminhada, restabelecer o contato rompido há quase dois anos com as árvores, a grama e a pesada terra escura onde sentíamos fervilhar os germes da vida, com o vento poderoso que carregava o pólen dos pinheiros, de onda em onda".[18]

As teorias do divertimento e da consolação

É comum desdenharmos da ação, essa via simples de consolação, porque ela não tem nada a ver com a fonte de nossos sofrimentos. Como caminhar poderia consolar uma pessoa em luto? Como jardinar e trabalhar poderia consolar um coração partido, uma perda retumbante? Mesmo assim... Melhor não se apressar em julgamentos críticos e dissuasivos sobre a busca de ação e divertimento. A tradição filosófica da consolação a levava a sério. Divertir-se, hoje, é rir, distrair-se. Mas, antes do século XVII, a palavra, de acordo com sua etimologia latina (*divertere*), significava: "ação de desviar de", por exemplo, desviar um bem num inventário. O divertimento é a prática da esquiva, típica da vida humana.

Montaigne falava em "diversão" (que tem a mesma raiz). Trata-se de não pensar em algo que nos aflija, de nos desviarmos de uma realidade desagradável. E de esperar que a vida venha a nosso socorro, que o tempo passe e cure suavemente nossas chagas. Pois a diversão começa por nos aliviar, desviando nossa atenção da dor, e aos poucos chega a nos consolar, devolvendo-nos ao mundo.

Para que o divertimento seja consolado, melhor dedicar-se a ele sem expectativa, por ele mesmo: é o que chamamos de atividade *autotélica*, que não tem outro objetivo para além de si mesma. Não caminhamos para chegar a algum lugar, mas pelo prazer (ou pela consolação) de caminhar.

É melhor, também, dedicar-se a ele *com plena consciência*; e não com plena inconsciência, pensando em outra coisa, em suas preocupações e mágoas. Com plena consciência significa: deliberadamente, dedicando-lhe nossa atenção e energia sinceras, suspendendo todo julgamento e toda expectativa.

Uma ação pode ser uma simples distração superficial da tristeza ou, ao contrário, um trabalho profundo de reconexão com o mundo: tudo depende do grau de consciência e da qualidade da presença que nela colocaremos. Por exemplo: caminhar e ouvir música podem ser distrações, que nos aliviam um pouco, mas que não nos transformam; mas também podem ser mais fortes e profundas, se as realizarmos com plena consciência.

Pode ser muito difícil agir quando estamos em sofrimento, como no caso da depressão, pois temos a sensação de realizar esforços sem sermos recompensados com qualquer prazer. Torna-se difícil repetir as ações, esforçar-se todos os dias, sem saber aonde isso vai levar; é como caminhar quando estamos perdidos, sem saber para onde vamos ou se chegaremos a algum lugar, ou ao menos a um lugar reconfortante. É por isso que, quando queremos reconfortar o outro e o aconselhamos a "fazer alguma coisa", a regra é tentarmos fazê-la junto a ele, a seu lado, para ajudá-lo: caminhar juntos, movimentar-se juntos, avançar juntos. Ação e companheirismo sempre combinam à perfeição.

A arte da consolação

A arte embeleza nossa vida, mas pode consolar nossas dores?

Durante a Segunda Guerra Mundial, a National Gallery, de Londres, expôs – a pedido da população – um quadro por mês de seu acervo, um único, entre aqueles preservados nas entranhas da terra no País de Gales, oferecendo-o à admiração e à emoção dos londrinos, que enfrentavam os bombardeios alemães. A obra-prima estava sempre acompanhada de dois assistentes, prontos para retirá-la em caso de alerta. Concertos também eram organizados no museu, e o curador da época contou mais tarde que, durante o evento inicial, quando as primeiras notas da *Appassionata*, de Beethoven, ecoaram, "tivemos certeza de que todos os nossos sofrimentos não seriam em vão".[19]

Aquilo que chamamos de arte (no sentido de belas-artes, de criação artística) é o conjunto de criações humanas que visa despertar uma emoção no próximo, uma emoção agradável e apaziguadora (admiração, surpresa, elevação, gratidão, enternecimento) ou incômoda e perturbadora (medo, tristeza, raiva). E se possível uma emoção que modifique nossa visão de mundo.

Todos esses efeitos íntimos explicam como a arte pode desempenhar um papel consolador, quer seja o seu objetivo inicial ou não.

Para alguns, como o ensaísta Jacques Attali, "não há nenhuma emoção, nem literária, nem musical, nem espiritual, nem intelectual, que não seja, antes de tudo, consolação diante da vertigem do nada".[20] A arte seria, assim, o reconforto final para a maior de nossas angústias: a de um dia desaparecer.

Lembro-me de um paciente me contar que, em seus momentos de grande sofrimento depressivo, ouvir uma sonata de Mozart ou admirar um quadro de Van Gogh podiam aliviá-lo: "Saber que eles estão mortos, mas que ainda falam comigo, saber que pertencemos à mesma comunidade humana, que eles puderam sentir os mesmos sofrimentos que eu, isso me consola, ainda que não mude nada em minha situação, e ainda que saber que eles também sofreram pudesse me fazer sofrer mais ainda. Mas não consigo deixar de ver suas dificuldades, sua proximidade, sua fraternidade, como mais consoladoras do que desoladoras". Todas e todos temos o mesmo destino sombrio (sofrer, morrer), mas os mais talentosos de nós conseguem sair dele para oferecer sua arte à espécie humana, e isso talvez nos ajude.

Segundo o filósofo Alain de Botton, em *Arte como terapia*,[21] a função da arte é nos dar esperança, tornar digno o sofrimento e ampliar nossa visão de mundo. Ele imagina um museu cujas salas ou andares corresponderiam a nossas necessidades psicológicas: salas do Amor, do Medo, da Dor, da Compaixão.

Claro que todo contato com uma obra de arte é específico: seu impacto depende de nossa personalidade e sobretudo do momento de nossa vida em que ele acontece. Uma obra pode não nos comover em certo momento e nos transtornar alguns anos depois. No entanto, algumas obras são tão fortes que a ideia desse museu talvez seja menos ingênua do que parece. E as pessoas se parecem muito mais do que elas pensam, em suas maneiras de viver as alegrias e os infortúnios e de ser comovidas pelo mundo.

Mas que obras apresentar, então, na sala das Consolações? Obras que mostrassem sofrimentos semelhantes aos nossos e que nos propusessem maneiras de enfrentá-los e superá-los, que nos fizessem, também, sonhar com coisas que não o sofrimento, que nos falassem de amor, esperança, amizade, que nos fizessem viajar no tempo e no espaço? Precisamos de espaço!

Como a arte nos consola

Em primeiro lugar, a arte pode nos consolar capturando nossa atenção e desviando-a por um momento de nossas ruminações: porque é bela, incomum ou comum sob um novo ângulo.

A arte também pode nos fazer sentir emoções agradáveis (admiração, surpresa, enternecimento) que enfraquecem o poder de nossas emoções dolorosas. Flaubert, que era um grande melancólico afetivo, dizia assim em sua correspondência: "Não passo de um lagarto literário que se aquece o dia todo sob o grande sol do belo".[22] No entanto, ele não tinha uma visão de sua arte como consoladora, pelo contrário. Em sua correspondência com George Sand, que foi sua amiga, seus pontos de vista se opõem com frequência, e esta última lhe escreve: "Você, com certeza, vai desolar, e eu, consolar".[23]

A arte também pode nos consolar ao nos descentrar de nós mesmos, colocando-nos em relação com outras pessoas que sofrem, como nós, ou diferentemente de nós; nesses casos, não é apenas a admiração que nos reconforta, não apenas o belo, mas também o *tocante*, aquilo que na arte se une a nossa própria dor e, daí compreendemos, à das outras pessoas. Também compartilhamos o sofrimento e a esperança: como no famoso *Retábulo de Issenheim*, do pintor Matthias Grünewald, que mostra o corpo supliciado do Cristo com um grau de realismo jamais visto, destinado aos doentes do hospital do monastério dos antoninos, que iam aos pés da imagem buscar consolo, ou cura.[24]

Nem sempre é evidente receber os benefícios propostos por uma obra de arte, nossa tristeza costuma se interpor a eles. Mas o mesmo acontece com todas as consolações: é mais fácil repelir do que aceitar a consolação, mais fácil dizer "inútil, insignificante" do que se abrir a elas. As consolações da arte às vezes são menos acessíveis do que a das pessoas e a da natureza: muitas vezes é preciso um esforço para ir a seu encontro. Mas elas também têm uma vantagem: estão sempre ali, disponíveis, no meio da noite e da solidão, na forma virtual de um livro, de um disco, de um filme.

A LUTA DE JACÓ COM O ANJO

Marquei um encontro perto da Praça Saint-Sulpice, em Paris, com uma paciente que sofria de agorafobia: ela temia ter uma crise no próprio bairro, então planejamos exercícios ao lado de sua casa, durante os quais eu a acompanhava para lhe dar conselhos sobre a maneira de respirar, de frear o ritmo de suas angústias etc. Na terapia comportamental, chamamos isso de "exercício de exposição", e é muito interessante conduzi-los de tempos em tempos no cotidiano, não apenas em conselhos à distância, sentado no consultório. Por azar, uma grande tempestade teve início quando começamos. Nós nos refugiamos na Igreja Saint-Sulpice, ao lado. Ali, esperando o fim da chuva, continuamos a conversar sobre suas dificuldades enquanto percorríamos o local. E nos deparamos com o magnífico afresco de Eugène Delacroix, sua última obra, *A luta de Jacó com o anjo*. Conheço bem a obra, então pensei em lhe contar a história que ela ilustra: num bosque, perto de um rio, Jacó está lutando com um passante, sem saber que na verdade se trata de um anjo enviado por Deus; ele está sozinho, toda a sua tribo atravessou o rio e se afasta; ele não sabe se pode vencer ou o que pode acontecer, mas luta obstinadamente, a noite toda, contra o desconhecido de força sobre-humana. Ao alvorecer, vendo que não conseguirá vencer aquele humano irredutível, o anjo o atinge no quadril e anuncia que, a partir de então, seu nome não será mais Jacó, mas Israel, que significa "aquele que luta com Deus" (e também "Deus é forte"), e o abençoa. Como Jacó, costumamos sair feridos e doloridos dos combates da vida: transformados e marcados ao mesmo tempo.

Enquanto a tempestade não passava, conversei com a paciente sobre os momentos da vida em que nos sentimos solitários, às vezes abandonados, em que enfrentamos uma adversidade que nos parece intransponível e em que é

> preciso lutar, mesmo sem certezas. Falamos sobre como podem nos ferir e fazer evoluir. Mais tarde, a paciente me disse que aquela conversa a tocou e a reconfortou. A terapia podia continuar.

Consolações de papel

Entre as muitas formas de arte que podem nos consolar, estão as nossas leituras.

Mas, antes mesmo de aprender a ler, gostamos de ouvir histórias. A capacidade de inventar, contar e ouvir histórias é característica da espécie humana. Ela tem múltiplas consequências em termos de transmissão cultural (conhecimentos, regras sociais, religiões) e também em termos de consolação. Um estudo foi feito com crianças entre 5 e 9 anos hospitalizadas em unidades de tratamento intensivo, portanto com patologias severas, frequentemente respiratórias, num ambiente estressante. Ele mostra que a leitura de uma história, por cerca de meia hora, por um adulto desconhecido, mas gentil e experiente, acalma a criança de maneira não apenas subjetiva (diminuição do sofrimento físico, bem-estar emocional), mas também biológica (diminuição do cortisol salivar, marcador de estresse, e aumento das taxas sanguíneas de ocitocina, neurotransmissor do vínculo, da tranquilidade relacional e da confiança, conhecida também por seus efeitos antiestresse).[25]

Fato notável: as crianças do grupo de controle, que se beneficiaram da presença de um adulto gentil por trinta minutos, mas sem ouvir uma história, somente uma conversa, também melhoram, mas de maneira menos nítida. A consolação não vem apenas da relação, mas também da leitura da história!

Obviamente, isso também vale para os adultos: ao pesquisar um pouco sobre o assunto, descobri que várias iniciativas existem nesse sentido, sobretudo nos setores de cuidados paliativos ou de tratamento de dores crônicas.[26]

"A leitura nos permite conhecer, seguir sem esforço para destinos extraordinários, ter sensações potentes com a mente, passar por aventuras prodigiosas e sem consequências, agir sem agir, formar pensamentos mais belos e mais profundos que os nossos e que não nos custam quase nada; e, em suma, acrescentar uma infinidade de emoções, experiências fictícias, observações que não são nossas, ao que somos e ao que podemos ser."[27] Essas são palavras de Paul Valéry, que era tão pouco pródigo em entusiasmos e, no entanto, estava certo.

As histórias nos levam para experiências de vida diferentes da nossa, e isso é particularmente precioso quando passamos por momentos difíceis. Muitos estudos mostraram que a leitura regular de romances modifica favoravelmente as capacidades de empatia e vínculo social: ao permitirem a identificação com os heróis, ajudando a compreender seus pontos de vista sobre o mundo e os outros, as leituras de ficção podem representar um enriquecimento considerável de nossa própria experiência de vida, inclusive do sofrimento.[28] A leitura nos permite observar e compreender outras lutas existenciais, semelhantes às nossas, e nos inspirar para não cairmos na desolação.

Hoje, muitas pesquisas se interessam pelo impacto das palavras sobre nosso funcionamento cerebral, sobretudo emocional. Nomear as emoções (medo, raiva, tristeza) observadas em fotografias de rostos diminui a resposta da amígdala cerebral e das regiões vizinhas (o "cérebro emocional") e aumenta a atividade do córtex pré-frontal (sede do controle emocional) em relação a outras palavras diante dos mesmos rostos.[29] Em pessoas com fobia de aranhas, descrever as próprias sensações emocionais ao se aproximar de uma grande aranha presa dentro de uma caixa de vidro diminui a resposta corporal de estresse (menor condutância cutânea) e permite uma aproximação maior da caixa de vidro (em relação às pessoas fóbicas que precisam ponderar ou pensar em outra coisa). Associar palavras a medos, raivas ou tristezas nos ajuda a diminuir sua intensidade e a enfrentá-los melhor.

Toda uma cadeia consoladora é colocada em movimento durante a leitura: associar as palavras certas a nossas sensações pessoais e emocionais imprecisas, acompanhar personagens que atravessam provações, descobrir suas maneiras de agir. A leitura pode nos ajudar a compreender o que nos afeta e a organizar o que precisamos fazer. Depois, por um momento, precisamos ter a sabedoria, ou a força, de voltar para a vida para evitar o perigo de fugirmos para a ficção, que se tornaria então um refúgio, mais do que um lugar de transformação: "Os livros dizem: ela fez isto porque aquilo. A vida diz: ela fez isso. Nos livros, as coisas são explicadas; na vida, as coisas não são. Não me surpreende que alguns prefiram os livros".[30]

DOIS LIVROS, UMA TARDE DE VERÃO

Depois de uma grande cirurgia no rim, numa tarde de verão, em sua cama, atrás da penumbra das cortinas fechadas, um convalescente lê dois livrinhos de poesia chinesa oferecidos por amigos. Ele ainda sente bastante dor, apesar da morfina, e o mínimo movimento provoca dores diabólicas; ainda está preocupado com os resultados da cirurgia e das biópsias efetuadas. Mas naquele momento está perfeitamente consolado, sente-se num oásis de paz e segurança: graças à leitura (uma sucessão de poemas curtos sobre os pequenos momentos do presente, justamente o que nos resta quando estamos doentes e acamados); graças à beleza dos livros, de papel espesso, encadernação simples e bonita; graças à calma profunda daquela tarde de verão; graças à solidão que não é um abandono, mas um descanso; e principalmente, acima de tudo, graças àqueles livros dados por seus amigos, cujos rostos ele via a cada página: consolação cem vezes maior do que se os tivesse comprado por conta própria. Absoluta e profundamente consolado. Eis um dos poemas, intitulado "Canção de adeus à primavera"[31]:

> *Dia a dia as pessoas envelhecem um pouco mais*
> *Ano a ano a primavera retorna*
> *Numa taça de vinho reside uma alegria amigável*
> *Então por que lamentar*
> *que as pétalas das flores saiam voando?*

A consolação como poema

A poesia, a meu ver, é a forma literária mais inspirada e irrigada pelos sofrimentos e pela necessidade de consolação dos seres humanos. Eis como André Comte-Sponville a define, de seu lugar de filósofo: "A unidade indissociável e quase sempre misteriosa, em dado discurso, da música, do sentido e do real, de onde nasce a emoção. É uma verdade que canta e que toca. A não ser confundida com a versificação, nem mesmo com o poema: é raro que um poema seja todo ele poético, e acontece de uma prosa, por vezes, sê-lo".[32]

Rosa Luxemburgo, de sua prisão, fala de seus efeitos: "É a música das palavras e a estranha magia do poema que me embalam tranquilamente. Eu mesma não sei como um belo poema pode agir sobre mim tão profundamente".[33]

Quando a poesia evoca nossos sofrimentos e nossas esperanças, com palavras simples ou belas, ou palavras de aura misteriosa, suas formulações permitem que a pessoa que a ouve chegue mais longe, preencha o vazio ou vácuo, esclarecer o que foi confusamente sentido. A poesia sempre nos diz mais do que o que está escrito no papel. É na leitura de poesia que mais se revela a distância entre nossas sensações imprecisas e a clareza das palavras, o júbilo de se ver em outra pessoa e o alívio de não estar sozinho.

Para muitos autores, escrever um poema representa uma forma de consolação, e muitas vezes é o coração que guia a mão, como dizia Paul Valéry, mais uma vez: "Grandeza dos poetas apreender fortemente com suas palavras o que vislumbraram apenas vagamente em sua mente".[34]

A palavra poética de consolação não está apenas nos livros, também pode emergir no cotidiano. Ela é a mãe na cabeceira da filha pequena à beira da morte no hospital,[35] que pergunta, preocupada e desesperada, à enfermeira a seu lado: "Como ela está?", e esta lhe responde: "Linda". Resposta poética e magnífica, consoladora em sua espontaneidade, em sua bondade e em sua inteligência: em vez de mais uma informação inútil sobre seu estado médico, ela traz a tristeza para o que se tornou essencial – não a morte próxima, mas a menina, sua pessoa, sua beleza, sua história.

Mais tarde, ela é o diretor do liceu onde o irmão da menina é aluno e que lhe diz, depois da morte da irmã[36]: "Estamos aqui para ajudá-lo a suportar o inverno e a acreditar na primavera". Admiro a poesia que emerge no auge da desolação, encantando-nos com sua surpresa em meio ao cinza do cotidiano.

A poesia nos faz descobrir um fenômeno singular que também diz respeito à consolação: poesia demais acaba repugnando, assim como consolação demais acaba não consolando. Ao escrever este livro, li volumes inteiros de poemas, em busca de sua mecânica consolatória, e logo senti o excesso da postura declamatória, da solenidade dos clássicos, das lágrimas dos românticos. Em dado momento, a poesia que geme demais nos oferece mais *colamentação* ("Choremos juntos nosso sofrimento") do que reconforto. Por isso aspiramos, então, a mais sobriedade, ou a mais escassez. Da mesma forma, quando consolamos uma pessoa próxima, não devemos cair no compadecimento e na imobilidade conjunta, prolongada, repetida, em torno do sofrimento, mas, da melhor maneira possível, tentar insuflar vida e movimento, ajudá-la a buscar o mundo ao redor, em vez de apenas nos aninhar a seu lado.

A pequena música da consolação

A música tem um lugar especial no universo da consolação: ela não *diz* nada, não encoraja a nada, mas pode causar um bem imenso, às vezes mesmo através de uma dor terna e amigável, uma dor suavemente triste, mas que tranquiliza. Hoje sabemos que ouvir uma música de que gostamos ativa uma ampla rede cerebral e leva à liberação de dopamina ou ocitocina, neurotransmissores associados ao prazer ou ao apego afetivo.[37]

Mas a música que faz bem não é necessariamente alegre: uma linda música triste também pode ajudar. Parece, aliás, que a música alegre e estimulante nem sempre é aquela que buscamos espontaneamente para consolar uma tristeza (de preferência a ouvimos para aumentar emoções positivas já presentes): em geral preferimos músicas melancólicas.³⁸ O que em parte confirma que, para que haja consolação, primeiramente precisamos aceitar a dor: a música nos convida a não controlar e a mergulhar um pouco mais na tristeza, para depois sairmos dela mais facilmente.

Lembro-me de ter ouvido o *Adágio para cordas*, de Samuel Barber, durante o período de luto por um amigo: a música remexia em mim uma terrível tristeza no coração, mas eu tinha a impressão de que precisava chegar lá, no fundo dessa tristeza, para atravessar aquele período; como a sangria dos médicos de antigamente para retirar os "humores tristes", ela tirava de mim o excesso de sofrimento.

No universo musical, as canções representam a união entre poesia e música. Elas são a maneira mais disseminada no mundo de nos consolarmos poeticamente, seja pela felicidade das canções alegres e estimulantes, seja pelas dores contadas e compartilhadas das canções tristes; é por isso que mais de 70% dos jovens adultos (entre 15 e 30 anos) recorrem à música para se consolar.³⁹

Outro estudo mostra que a música triste desperta sobretudo a nostalgia, mais do que a tristeza intensa.⁴⁰ A nostalgia, por sua vez, é a emoção sutil de reconexão consigo mesmo e com o passado: outro mecanismo de autoconsolação.

A música não tem nada de insignificante, mesmo diante de adversidades, mesmo diante da morte. É por isso que gosto da linda história de Claire Oppert, violoncelista que toca para crianças autistas, doentes de Alzheimer e pacientes em cuidados paliativos. Ela conta⁴¹ que um dia estava tocando no quarto de Georges, um senhor em fase terminal de câncer de tireoide. Ela lhe pergunta o que ele gostaria de ouvir, e ele responde: "O que você quiser, desde que seja bonito!". Ela começa um trecho do *Adágio*, de Albinoni, depois toca a *Ave Maria*, de Gounod. A música preenche o quarto. As caixas de remédios, a jarra de plástico, a poltrona de couro sintético ocupada por um filho ansioso, tudo se apaga na intensidade do momento. George saboreia a música. Ele fecha os olhos, descansa a cabeça no travesseiro, chora e sorri ao mesmo tempo. Quando o silêncio volta a reinar, ele junta as mãos. "Você encheu meu coração de alegria. Obrigado, obrigado, obrigado. Transmita essa alegria aos outros também."[42] Consolar é levar alegria, ao menos um pouco de alegria, ao coração. Nem que seja pela duração de uma música.

Falamos até agora da música que ouvimos, mas também existe a música que tocamos ou cantamos. Ela nos proporciona uma mistura de reconfortos, como a caminhada na natureza: quando tocamos um instrumento ou cantamos, nós nos beneficiamos das consolações da ação e da música. Quando estamos tristes, tocar pode representar uma reparação total: envolve todo o corpo e a mente, tranquiliza a alma, captura a atenção e canaliza as emoções. Não buscamos a perfeição, mas a respiração da consolação, sua vibração em uníssono com nosso sofrimento.

Escrever suas dores

Assim como, para nos consolarmos, podemos ouvir música ou tocá-la, não permanecer só na leitura, mas se engajar na escrita, também proporciona outra forma de reconforto.

Às vezes pensamos na escrita de um diário como um exercício egocêntrico e anódino. O fato de que muitas pessoas comecem um na adolescência e depois o abandonem parece confirmar esse julgamento: seria um capricho de juventude, um pouco imaturo, um pouco narcisista. É um erro pensar assim: escrever nossos sentimentos mais íntimos é uma das vias reais para o conhecimento de quem somos.

Cioran, na obra *Nos cumes do desespero*,[43] é categórico sobre o poder de consolação que a escrita nos oferece: "Existem experiências às quais não podemos sobreviver. Experiências que nos fazem sentir que nada mais faz sentido. [...] Se mesmo assim continuamos vivos, isso só acontece graças à escrita, que, objetivando-a, alivia essa tensão sem limites".

E se a adolescência, como mencionamos, é o período em que costumamos começar a fazer confidências a um diário, isso acontece porque é o momento de nossa vida em que as tensões e dificuldades de viver e de se encontrar são maiores.

A escrita de si é como um diálogo suave, em nosso próprio ritmo, com uma pessoa desconhecida, distante, silenciosa, bondosa, paciente... e consoladora. A ciência confirma isso, e, desde as pesquisas do pioneiro estadunidense James Pennebaker,[44] inúmeros dados foram acumulados sobre os benefícios do diário íntimo: colocar em palavras nossos períodos de vida dolorosos ajuda a cicatrizá-los e melhora nossa saúde. Um dos primeiros estudos se baseava num protocolo simples: pedia-se a voluntários sem dificuldades psicológicas específicas que escrevessem por quatro dias seguidos sobre a experiência mais traumática de sua vida, durante quinze minutos, sem interrupção (a fim de que os temas fossem de fato abordados, sem superficialidade). Previamente, os participantes eram separados em dois grupos: um foi incentivado a escrever aprofundando seu estado de espírito, o outro, relativizando-o e objetivando-o.

Ao fim da experiência, o grupo "aprofundador" registrou, em relação ao grupo "relativizador", benefícios claros sobre seu bem-estar emocional de médio prazo (nos quinze dias seguintes) e também sobre sua saúde objetiva de longo prazo (menos visitas a médicos no ano seguinte). Por isso a importância de primeiramente descermos ao fundo de nossa dor (sem nos afogarmos nela) antes de voltarmos à tona e sairmos dela.

Em todos os estudos desse tipo – pois vários se seguiram –, um dos mecanismos benéficos da escrita parece ser a reorganização da experiência dolorosa, que sem isso se firma em sensações confusas. Em nossa mente, o impreciso sempre causa mais danos que o nítido: a ansiedade da incerteza leva à ruminação, ao passo que a da certeza, mesmo negativa, pode nos incitar à ação. É benéfico nos obrigarmos a transcrever nossas sensações incertas em palavras coerentes.

Uma questão surge no horizonte: o desaparecimento progressivo das cartas (substituídas por ligações telefônicas, e-mails e SMS) está modificando nossos hábitos de expressão, e a interação imediata e rápida substitui a troca e a introspecção. Talvez isso seja benéfico para o animal social dentro de nós – mas o é menos para o animal mental e sua inteligência emocional. E menos ainda para o poder consolador das trocas por escrito. Vimos anteriormente as magníficas cartas de George Sand e Rosa Luxemburgo: sua força consoladora talvez não fosse a mesma por e-mail ou SMS. A digitalização de nossas trocas afetará nossa capacidade de *interconsolação*? Saberemos a resposta dentro de alguns anos.

EULOGIA PARA UMA MÃE MORTA

Lembro-me do trabalho terapêutico realizado com um paciente – poeta e escritor desconhecido que vivia recluso, longe das pessoas. Quando ele perdeu a mãe, passou por um momento muito difícil e sombrio, num luto patológico. Ele sofria com imagens obsessivas – sua mãe nos últimos dias de vida voltava-lhe à mente o tempo todo –, tristezas esmagadoras, culpa. Em suma, um sofrimento que parecia desmesurado por sua intensidade e seu prolongamento e que estava pulverizando os fracos vínculos que ainda o ligavam ao mundo; cada vez mais ele se fechava em si mesmo. Então, entre outros tratamentos, encorajei-o a escrever uma eulogia, que em literatura é um conjunto de escritos em homenagem a uma pessoa falecida.[45] No início, ele ainda estava tão deprimido que teve dificuldade para seguir minhas instruções: escrever (mesmo desordenadamente, mesmo sem se preocupar com estilo ou frases bem-feitas) todas as recordações com sua mãe, e não apenas os últimos dias de agonia, mas também as imagens de vida, alegria, felicidade. Ele confiava em mim e fez um esforço nessa direção. Pouco a pouco, um retrato fiel de sua mãe emergiu de sua tristeza, uma mãe viva, completa, não apenas uma figura moribunda. E aos poucos sua tristeza foi dando lugar a uma consolação, a princípio frágil, mas cada vez mais luminosa, pois a mãe revivia em sua mente atrás da cortina de fumaça escura e triste do fim da vida. Em seu movimento de escrita, lembranças esquecidas foram rememoradas e acabaram espontaneamente no papel. Ele chorava bastante ao escrever, mas lágrimas suaves, ternas, sem amargura, lágrimas de consolação.

Arrebatamentos tristes e recolhimentos consoladores

Todos esses momentos de consolação pela beleza da arte durante períodos de adversidade representam o que chamo de *arrebatamentos tristes*. Pois ser "arrebatado" é ser retirado da dor, como que extraído dela. Nesses arrebatamentos tristes, nada é resolvido, mas nos sentimos consolados. Todos os dias somos arrebatados pela vida, que nos faz esquecer o sofrimento e a dor.

Mas devemos lembrar que a sensibilidade para a arte, sua receptividade, exige presença e atenção, e mesmo recolhimento. Um estudo recente sobre experiências de emoção estética mostra que estas são menos frequentes e menos profundas quando nossa mente está ocupada simultaneamente com outra coisa.[46] E outros estudos mostram que a atenção dispersa reforça emoções dolorosas, ao passo que a atenção focada e estável facilita emoções agradáveis.[47]

O que nos apresenta a questão dos "divertimentos" das telas e das redes sociais, de valor distrativo muito grande, mas de valor consolador muito pequeno; ao menos se levarmos em conta sua capacidade de aumentar a ansiedade e diminuir a autoestima dos grandes consumidores digitais.[48] O "divertimento de dispersão" representa uma suspensão da dor (navegar na internet ou nas redes sociais, folhear uma revista só olhando as imagens e as manchetes), mas parece longe de ter o mesmo valor consolador de um "divertimento de aprofundamento".

Meditação, consolação do momento presente

Meditação sugere imobilidade, enquanto ação e movimento consolam. Ela é praticada solitariamente, enquanto o vínculo consola. Ela convida a fechar os olhos, enquanto a beleza do mundo consola. Seguindo essa lógica, meditação não deveria combinar com consolação. No entanto, a aliança entre as duas é perfeita. Como explicar esse fato?

Em primeiro lugar, porque, ao contrário do que parece, meditar não significa ruminar nossas preocupações de olhos fechados (o que não consola), mas ir até o fim, até o fundo do que sentimos.

Depois, porque meditar é cultivar um olhar calmo e lúcido sobre o mundo e sobre si mesmo, é treinar a mente para ser assim. A imobilidade e os olhos fechados são apenas uma passagem: logo voltamos para nossa vida com uma mente suavemente transformada, capaz de tranquilidade e discernimento, as duas armas essenciais para enfrentar qualquer forma de desolação.

Por fim, porque algumas raízes remotas da meditação se mantêm em nossas práticas contemporâneas, sejam essas raízes orientais e voltadas para o fim do sofrimento, sejam elas ocidentais e voltadas para a busca de elevação e salvação; todas elas ajudam, é claro, a consolação.

Entre as diferentes formas de meditação, a mais praticada hoje no mundo, porque mais acessível e mais amplamente validada pela ciência, é a meditação de atenção plena. Ela propõe um caminho que começa pela imersão no momento presente: centramo-nos em nossa experiência do momento, que observamos com distanciamento – sentimos nossa respiração, nosso corpo, acolhemos os sons, observamos a passagem e o alarido dos pensamentos. Então, a partir desse ponto de enraizamento no presente e na realidade, observamos com atenção o funcionamento de nossa mente e de nosso olhar sobre o mundo.

CONTEMPLAÇÃO, RESPIRAÇÃO E AUTOCONSOLAÇÃO

Certa manhã, uma jovem tenta se consolar. Ela está passando por uma difícil fase conjugal e não sabe que decisão tomar: separar-se ou continuar casada. As duas coisas a apavoram. Ela só vê o lado sombrio das duas opções: as complicações e as rupturas da separação de um lado, o lento sufocamento de uma vida conjugal sem amor do outro. Preocupação, tristeza, sensação de impotência – a solução não é simples: os ingredientes perfeitos para que ela se feche em si mesma, num sofrimento sem saída. Na rua, o dia está magnífico, a paisagem também. Ela decide se acalmar através da meditação e da contemplação. Mas a consolação do céu azul é imperfeita. Rapidamente, os pensamentos retornam como rajadas violentas de chuva gelada num céu de primavera: "Sim, é bonito, me faz bem, é melhor contemplar o céu e respirar do que ruminar inutilmente meus problemas; seria ainda melhor contemplar o céu sem nenhuma preocupação; mas isso não resolve nada". Mesmo assim, ela continua: "É verdade, mas e daí? O que fazer com essa situação, com esse sofrimento? Respirar, contemplar e sorrir?". Ela sente tocar um ponto que pode ajudá-la: "Comece com isso, com seu sofrimento, com sua tristeza; não respire *contra* a tristeza, ou *apesar* da tristeza, mas respire *com* a tristeza". Ou seja: "Tente, da melhor maneira possível, hoje se puder, senão amanhã, aceitar e conviver com ela, não gastar toda sua

> energia na desolação, no arrependimento, na comparação; fique bem para enfrentar e resolver tudo".
>
> Ela faz um exercício inspirado na prática *tonglen*,[49] que consiste em associar a meditação ao movimento da própria respiração: "Inspiro a serenidade que o céu azul me oferece e exalo meu excesso de preocupação e tristeza, que não tento apagar completamente, apenas diminuir, para que elas não ocupem todo o espaço de minha mente". Ela sente que o corpo relaxa, que alguma coisa diz *sim* dentro dela, *sim, vou conseguir*. Ela enxerga melhor a sucessão dos pensamentos que ocupam sua mente com palavras ruins: "catástrofe... ruína... nada a fazer... fracasso...". Ela diz suavemente para si mesma: "Muito bem, vou conseguir, vamos conversar e vamos decidir juntas; não importa o que aconteça, reconstrução ou separação, não vou contar essa história para mim mesma de antemão, vou ao encontro dela, calmamente, vou aceitar tudo o que puder acontecer; vou fazer o melhor que puder".

Encontrar refúgio

Quando estamos em sofrimento, a meditação nos oferece um refúgio que não é uma ilusão – o momento presente. A tempestade da adversidade gira a nosso redor, e não temos para onde fugir. Então permanecemos onde estamos, mas no lugar certo, no centro de nós mesmos. O sofrimento também permanece no centro, mas não sozinho: colocamos a seu lado a consciência da respiração, que nos dedicamos a sentir lentamente; a consciência do corpo; a escuta dos sons. Nós nos dissociamos de nossos pensamentos, observando-os sem alimentá-los.

Tudo isso age não apenas desviando do sofrimento parte de nossa atenção, mas também permitindo uma desconstrução desse sofrimento, uma perspectiva de nossas emoções, de nossos pensamentos e de nossos impulsos. Em vez de carregar o bloco inteiro da aflição e ser esmagado por ele, nós o observamos de perto e o dividimos em partes. Essa fragmentação, essa desmontagem diminui a força destruidora da aflição e seu poder sobre nós. O que resta é o sofrimento da realidade, inevitável, essencial, limpo de sua sujeira mental, de seu excesso de aflições e medos inúteis. E, portanto, mais leve.

Olhar para a dor de perto

A meditação consola, porque ensina a abordar o sofrimento: ela nos permite reconhecê-lo e acolhê-lo. Ela nos ajuda a limpar tudo o que pode complicar nossa dor: distorções de nosso olhar e de nosso julgamento, amplificações (transformar uma adversidade em catástrofe), antecipações (pensar que vai durar para sempre e que nunca terá solução), personalizações ("Isso sempre acontece comigo"), queixas (uma maneira de atrair a consolação, mas que também podem dissuadi-la).

Diante de tudo isso, diante desse excesso virtual de sofrimento, a meditação nos ajuda a focar na realidade da dor em si, sem seus subprodutos tóxicos. Exatamente o que Stendhal dizia: "Olhar para a dor de perto é uma maneira de se consolar".[50]

Sendo um compromisso regular consigo mesmo, a meditação ensina a frequentar os sofrimentos diariamente; e desse acompanhamento regular surge a capacidade de temê-los menos, ouvi-los melhor, sem se deixar submergir por eles, e de padecer menos pelos sofrimentos. A meditação também nos ensina a olhar para tudo o que torna a vida bela: pois também meditamos sobre os momentos felizes de nossa vida, fazendo-os penetrar ainda mais profundamente em nós.

Abrir-se para o mundo

A meditação pode ser entendida como uma ginástica do horizonte: ampliamos nossa perspectiva sobre a vida, levamos o olhar para longe, afastamo-nos de nós mesmos, como nos versos de Victor Hugo:

> *Olhas para o céu misterioso e doce*
> *E pela imensidão tua alma é dilatada.*[51]

Tradução da linguagem poética em termos neurológicos: a meditação desativa a área de orientação e associação de nosso cérebro, a pequena zona localizada no lobo parietal esquerdo. O resultado é uma sensação de dissolução de si, que proporciona um pouco de consolação.[52] Alguns estudos mostram que olhar regularmente para o céu nos beneficia, diminui nosso nível subjetivo e biológico de estresse.[53] A meditação não é uma maneira de olhar para o horizonte de olhos fechados?

Observação luminosa de Bobin: "Por enquanto, contento-me em ouvir o barulho que o mundo faz quando não estou nele".[54] Porque também meditamos para observar a indiferença do mundo por nosso sofrimento e para não nos afligirmos com isso; para, ao contrário, obtermos paz. Para fazer a paz externa, a tranquilidade do céu e a da natureza penetrarem em nós – como a paz eterna que desejamos aos mortos, mas saboreada enquanto vivos!

O sofrimento pode às vezes ser uma espécie de necessidade excessiva de atenção: é importante lembrar, nesses momentos, que o mundo a nosso redor pode nos ajudar, que ele talvez não seja indiferente, apenas tranquilo, apesar de todos os sofrimentos que abriga, nossos e dos outros. E se deixar contaminar por essa tranquilidade.

Deixar a plenitude brotar

Às vezes, uma sensação de serenidade emerge da meditação: não precisamos de mais nada, não temos desejos, nada nos falta; temos tudo de que precisamos. É um estado de plenitude não apenas agradável e calmante, mas também esclarecedor: a paz interior nunca está muito longe, e a consolação de nossas tristezas e adversidades sempre está mais próxima do que pensamos.

Nesses momentos, compreendemos intuitivamente que a busca incessante de soluções para nossos problemas pode nos destruir: sempre precisaremos de novas soluções, porque sempre surgirão novos problemas.

A meditação nos convida a frequentarmos outro universo regularmente, um mundo onde o que conta, mais que os problemas a serem resolvidos, é o reconforto oferecido a nosso cansaço existencial por meio da graça, aleatória e recorrente, de sentimentos de plenitude e eternidade.

A meditação não é uma fuga: quando voltamos ao mundo material, onde reinam as adversidades, somos capazes de mais força, calma, criatividade e flexibilidade. Todos os estudos confirmam isso, e é por isso que a atenção plena é utilizada em psiquiatria e psicoterapia, e por isso é um grande auxílio para muitos pacientes ansiosos, deprimidos ou com outras condições,[55] ajudando-os a abordar suas dificuldades com distanciamento e novos olhos.

Dizer sim com o coração

Por fim, a meditação ajuda a ouvir e a aceitar palavras de reconforto. Mesmo quando sabemos que essas palavras dizem a verdade e nos encorajam a algo necessário, quase sempre existe um obstáculo em nós: não conseguimos acolhê-las com sinceridade, absorvê-las, digeri-las, porque estamos em aflição e sofrimento. Nossa mente as rejeita. A plena aceitação das palavras de consolação é muito importante: muitas vezes nossa mente concorda com as palavras de reconforto, mas nosso coração, não.

A prática regular de meditação parece ter um efeito atenuante sobre nossos mecanismos de defesa mentais e nossa rigidez em geral. Os budistas comparam a meditação à chama da vela que amolece a cera de nossas certezas. Isso se revela precioso quando queremos deixar o reconforto entrar em nós, no mais íntimo de nós, não apenas na superfície; o reconforto não deve tocar apenas nosso córtex ("Concordo racionalmente ou discordo racionalmente?"), mas também nosso cérebro emocional, porta de entrada para a tranquilidade corporal ("O que sinto ao ouvir essas palavras?"). É este o papel imenso da meditação como processo de incorporação e libertação: introduzir as ideias consoladoras em nosso corpo e retirar os sentimentos sombrios desse mesmo corpo, transformando-os em simples ideias, portanto em hipóteses que podem ser contestadas e, aos poucos, dispensadas.

Assim, a meditação tem duas virtudes: é uma consolação em si mesma, que vem de dentro, e também uma ajuda para recebermos no íntimo de nós mesmos todas as consolações que vêm de fora. O céu azul só nos consola quando, mais que uma constatação, uma ideia, ele se torna uma sensação que ecoa dentro de nós, uma emoção fulminante e penetrante. A meditação transforma as consolações da mente em consolações do coração, introduzindo-as no corpo. E o corpo tem uma memória melhor que a mente: como um animal, ele nunca esquece o bem que lhe foi feito.

Acreditar no destino e entregar-se a ele?

Uma consolação de vários breviários de sabedoria popular: afirmar que o que acontece em nossa vida "tinha de ser". Acreditamos no destino e o aceitamos: "Estava escrito", "Aconteceu exatamente o que devia acontecer", "Cada pessoa é a pessoa certa", "Cada momento é o momento certo".

Todas essas frases podem ser tanto criticadas (em sua pertinência, pois o que sabemos sobre a existência de um *destino*?) quanto admiradas (em seus efeitos, com frequência pacificadores). Seu objetivo é evidente: não ficarmos no "está tudo errado, não tenho sorte".

Começar com aceitação, em vez de agitação, não é pouca coisa: quando essa forma de sabedoria simples nos ajuda a cessar a tagarelice estéril, cansativa e tóxica dos arrependimentos, quando ela nos permite guardar de nossa dor apenas o sentimento de tristeza, legítima e respeitável, e preservar nossas forças para a ação, e não para a lamentação, então a aceitação de um suposto destino nos é de um grande benefício e de um grande reconforto.

Cioran não apreciava muito esse tipo de uso *consolatório* do destino: "A melhor maneira de consolar um infeliz é garantir-lhe que uma maldição pesa sobre ele. Esse tipo de adulação o ajuda a suportar suas provações, pois a ideia de maldição supõe eleição, escolha miserável".[56] O reconforto de uma suposta maldição sem dúvida é hipotético! Mas aceitar o destino, mesmo ruim, é um alívio, pois permite renunciar às revoltas vãs e escolher bem suas batalhas.

> **ENTREVISTA DE EMPREGO**
>
> Meu primo e um amigo dele fizeram uma entrevista para o mesmo emprego; o cargo os interessava bastante, mas nenhum dos dois foi chamado. Meu primo ficou muito decepcionado e telefonou ao amigo, que lhe disse: "O futuro talvez nos mostre que foi uma sorte não termos conseguido essa vaga; mas só perceberemos mais tarde". E foi de fato o que aconteceu com os dois: acabaram conseguindo empregos mais interessantes. Quando meu primo me contou essa história, perguntei-lhe como palavras banais e hipotéticas como aquelas puderam consolá-lo, ele que sempre era tão racional, inquieto, exigente. Pois as palavras daquele amigo tinham realmente elevado seu astral. Pensamos juntos sobre isso por um tempo. Ele se sentiu reconfortado, porque viveu um infortúnio moderado; também porque eles o viveram juntos; por fim, porque tinha confiança no futuro e em suas próprias capacidades. "Sabe", ele acrescentou, "se a mesma coisa acontecer comigo dentro de um ano, talvez as mesmas palavras me irritem, em vez de me motivarem. Os caminhos da consolação são impenetráveis!" Com certeza, mas sempre é interessante, e às vezes desconcertante, ver como cada palavra de reconforto pode penetrar profundamente, afetando-nos emocionalmente, deixando-nos calmos e seguros; ou, ao contrário, apenas ricochetear em nossas defesas e certezas negativas, não nos proporcionando nenhum bem-estar.

Mas não basta acreditar no destino, é preciso acreditar *de maneira específica*! O que lembra a visão de fatalismo (do latim "*fatum*", "destino") proposta por Alain, o Filósofo: "O fatalismo só remove o remorso quando fizemos todo o possível. É por isso que os homens de ação são os que mais se consolam pelo fatalismo. [...] O fatalismo é um momento de razão, que não deve ser estendido ao futuro".[57] Aceitar o destino é se resignar com o que aconteceu, mas também lutar para que não aconteça de novo, depois de ter lutado para que não acontecesse. Pois existe um paradoxo na máxima: "Estava escrito". Estranhamente, ela parece remeter ao passado, mas na verdade nos liberta ao voltar nosso olhar para o futuro e nos levar para a ação mais do que para o remorso.

Será uma boa ideia, então, entregar-se ao destino para se consolar? Sim, se não for por resignação, mas por lucidez, e se ele permitir evitar a ingenuidade ou a pretensão de que fala Stefan Zweig, em *O mundo de ontem*, e renunciar à "comovente certeza de poder colocar barricadas em sua vida, sem a menor brecha, para protegê-la de qualquer intrusão do destino [...] uma grande e perigosa pretensão".[58]

Aceitar o destino, e sua aparente adversidade, é aceitar que ele seja, sempre, mais forte que nós e nossos esforços para evitar seus golpes. Mas aceitar o destino também é manter, passada a tempestade, o olhar voltado para o depois: para a consolação e a reconstrução.

É por isso que adoro a ambiguidade das últimas palavras do romance *O conde de Monte Cristo*, de Alexandre Dumas: "Aguardar e esperar". Elas são ao mesmo tempo consoladoras, porque associam a espera forçada do amanhã à bela virtude da esperança, e desoladoras, porque destacam a impotência associada a essa mesma esperança: só esperamos quando não temos mais capacidade de mudar a realidade; quando dispomos dessa capacidade, não é a esperança, mas a confiança, que nos habita.

Assim, acreditar no destino pode nos apaziguar e nos consolar, mas nunca deve nos dispensar de agir: aguardar, esperar, mas também, e acima de tudo, movimentar-se.

As perigosas consolações da busca de sentido

Outra consolação da psicologia popular: dizer que as coisas sempre têm um sentido. Convencer-se de que a adversidade talvez esteja aqui para nos dizer alguma coisa, para atrair nossa atenção para algo que não queríamos saber, para abrir nossos olhos e nos revelar algo que não sabíamos ver. Pensar que, ainda que a suposta mensagem da provação possa nos ferir ou nos escapar, sempre é útil se questionar sobre ela.

Encontrar um sentido para a adversidade pode ser consolador, pois muitas vezes o sentimento de injustiça, incompreensão e absurdo transforma as provações em desolações. Pensar que o infortúnio que nos atinge talvez esconda uma mensagem é algo que nos alivia, desviando-nos da raiva, da revolta, da culpa e, dependendo da mensagem, orientando-nos para uma possível ação. Isso é especialmente útil diante da doença: podemos olhar para a patologia que nos atinge (ou a um de nossos familiares) como uma informação – que indicaria que nossa vida não está no caminho certo, que havia um sofrimento em nós que não queríamos ver. A doença nos abriria os olhos para *darmos um novo sentido* a nossa vida.

Perigos

Mas a busca de sentido também pode ser perigosa. Como médico, pude constatar o quanto ela é violenta para quem adoece e é informado de que sua doença "tem um sentido". Separemos as duas coisas: a doença, a deficiência e a adversidade não têm um sentido em si. Elas são simples fruto do acaso, do azar, de erros ou de lógicas que muitas vezes nos escapam.

Em contrapartida, os obstáculos e as dificuldades nos obrigam a refletir sobre o que fizemos de nossa vida ontem e sobre o que queremos e podemos fazer com ela amanhã. Esta é sua única vantagem: quando está tudo bem, nós nos deixamos levar por uma corrente favorável; quando temos alguma doença, deficiência ou adversidade, precisamos ser mais ativos, pois a corrente é desfavorável. Algumas pessoas se perguntam sobre o sentido que querem dar a sua vida; outras dizem apenas: "O sentido de minha vida é viver da melhor maneira possível, aproveitar, descobrir, compartilhar". As pessoas que enfrentam grandes adversidades costumam ter um olhar mais rico e mais denso sobre a vida do que as que sempre conheceram o conforto e a ausência de dificuldades.

Portanto, existe um legado possível – desde que sobrevivamos, de corpo e alma, à desolação. Pois a provação pode nos matar ou ferir nossa alma para sempre.

Às vezes, não há sentido na provação ou no sofrimento, eles não parecem ter nenhuma consequência favorável ou iluminadora. Seria melhor, apenas, que nunca tivessem acontecido. Mas aconteceram, então nos vemos obrigados a um trabalho de aceitação para continuar vivendo. Grande é o risco, no entanto, de nos sentirmos num deserto de sentido ("Para que viver?") depois de um grande abalo.

Benefícios

É por isso que às vezes se torna vital reencontrar esse sentido, incansavelmente, depois de cada adversidade. Talvez seja uma ilusão, mas isso ajuda e consola. E a busca de sentido parece uma necessidade psicológica universal, enraizada em nosso funcionamento cerebral.

Talvez esse seja um dos papéis do córtex cingulado anterior, zona que reage à incerteza e aos imprevistos, ativando respostas de estresse. Em laboratório, fazer os voluntários lerem um pequeno texto filosófico que explica que o universo obedece a leis e regras coerentes, mesmo quando elas nem sempre são fáceis de entender, leva esses voluntários, expostos a tarefas difíceis e a respostas imprevisíveis, a terem menores níveis de estresse (com menor ativação do córtex cingulado anterior). Observa-se o mesmo resultado em pessoas religiosas, qualquer que seja sua religião.[59] O sentido nos acalma, e por isso nos puxa suavemente para a consolação.

Se explorarmos um pouco mais os mecanismos desse reconforto, compreenderemos que dar um sentido possível a uma adversidade ou a um sofrimento diminui a intensidade das emoções dolorosas e aumenta a adesão a uma narrativa interior satisfatória e coerente ("Isto aconteceu *por causa* daquilo"). O importante é que essa narrativa nos acalme e nos encoraje a continuar vivendo e nos esforçando.

Em contrapartida, é preferível que essa reflexão sobre o sentido seja *endógena*, que ela venha de dentro, e não *exógena*, de fora, no momento errado, ou de alguém que não consideramos legítimo para nos consolar, para quem não queremos abrir as portas de nossa intimidade psicológica, de nosso sofrimento.

Direções

E também existe outra abordagem, que prefiro: ver o sentido como uma *direção* ("Para onde orientar meus esforços?"), e não como uma *significação* ("O que isso tudo quer dizer?"). Em outras palavras, não procurá-lo nas causas ou no porquê da adversidade, mas em suas consequências: que sentido posso dar a minha vida, agora que isso aconteceu? A consolação virá do engajamento na ação e da reorganização de nossas energias subvertidas. Depois de uma doença ou de um acidente, podemos reencontrar o gosto pela vida, que quase perdemos; depois de um luto, podemos nos dedicar à continuação de ações que fariam sentido aos olhos da pessoa que se foi (como pais que, depois da morte dos filhos, criam uma fundação ou uma associação ou se dedicam à filantropia). Em todos os casos, é importante esperar que as coisas voltem a se tornar suportáveis, depois ver o que talvez tenhamos obtido daquilo, em que tipo de pessoas, necessariamente diferentes, transformamo-nos. E então, somente então, procurar um sentido. Ou não.

O sentido também cria coerência. Nossa vida às vezes é uma justaposição, uma mistura de elementos incoerentes e contraditórios: medo e vontade de viver, beleza e sofrimento, tudo junto e sem lógica. E essa desordem se amplifica ainda mais na adversidade. Então recolocar as coisas um pouco em ordem pode de fato aliviar a aflição.

PALAVRAS QUE DESOLAM E QUE CONSOLAM, NO LUTO POR UM AMIGO

Um amigo (vamos chamá-lo Augustin) me contou ter perdido, há alguns anos, um colega de trabalho (vamos chamá-lo Paul). Eles tinham sido muito próximos, no âmbito profissional e humano, ao longo de toda a carreira. No momento da aposentadoria, porém, eles se desentenderam e se afastaram, por motivos um pouco absurdos. Um dia, Augustin ficou sabendo que Paul estava com um câncer e perto da morte; tentou se aproximar, mas Paul o manteve educadamente à distância, não permitindo que recuperassem o laço entre eles. Augustin ficou muito triste, e mais ainda quando Paul morreu.

A esposa de Augustin e alguns amigos tentaram consolá-lo, lembrando-lhe do conflito com Paul e de suas palavras e comportamentos duros, inclusive de algumas atitudes talvez desonestas. Mas isso não consolou Augustin, pelo contrário. Felizmente, dois antigos colegas de trabalho dos dois, mais jovens, adivinharam o teor de sua dor e suas necessidades. Eles o reconfortaram escrevendo-lhe para dizer que, quando chegaram à empresa, a amizade de Augustin e Paul os inspirara, que a acharam bonita e forte. Foram palavras sinceras, que Augustin desejava ouvir. O que o consolou não foram as críticas, mesmo justificadas, a respeito de Paul, mas a lembrança de suas qualidades e da bela amizade entre eles. Era lógico: as críticas anulavam a legitimidade do sofrimento, ao passo que a bela história de amizade o autorizava ao sofrimento, mas o tranquilizava.

> Permitir a tristeza e tentar suavizá-la (com emoções doces e não amargas) é a mistura consoladora por excelência. Para Augustin, ela deu novo sentido a sua amizade: não era uma simples combinação de competências profissionais, mas também um encontro de duas personalidades que se admiravam e completavam. Às vezes é deselegante e imprudente consolar um familiar que se divorciou criticando seu ex-cônjuge: talvez a primeira etapa do reconforto passe paradoxalmente pelo reconhecimento do amor que existia entre eles, pela evocação das belas coisas vividas juntas, que já não existem mais.

Destino e sentido: histórias que contamos para nós mesmos?

O ponto comum entre acreditar no destino e pensar que algumas de nossas adversidades têm um sentido está no fato de, nos dois casos, contarmos histórias para nós mesmos.

Na aceitação do destino, a história é apaziguadora: os acontecimentos (a doença de meu filho, o incêndio de minha casa) não dependem de mim, de minhas qualidades, de meus esforços, portanto é inútil me culpar por eles. Mas o fato de terem acontecido também não se deve ao acaso, portanto é inútil temer; foram escritos por uma mão muito acima da minha, são o resultado de um determinismo misterioso, mas *deviam* acontecer, é inútil ruminar e me atormentar.

Na busca de sentido, a história é quase oposta: os acontecimentos (uma doença, um revés profissional, um divórcio ou uma separação) dependem, ao menos em parte, de mim, de minhas escolhas, de meus comportamentos. O fato de terem acontecido é como um aviso de que algo não estava bem; portanto não são uma incoerência nem uma injustiça, mas uma informação. Talvez eu pudesse, se tivesse sido mais lúcido ou mais sensato, ter levado isso em conta e modificado minha maneira de viver. Não o fiz, e a adversidade veio me cobrar. Ela tem um sentido, portanto, e aceitá-lo pode me instruir e me ajudar no futuro: ainda é tempo de agir.

O filósofo Paul Ricœur teorizou o conceito de *identidade narrativa*: nossa relação conosco muitas vezes se baseia num relato, numa história de vida escrita por nós mesmos, em nossa cabeça, que atribui continuidade e coerência a acontecimentos com causas variadas, fortuitas ou inacessíveis.[60] Em nossa identidade narrativa, nesse "quem eu sou, contado por mim mesmo", damos um lugar ao destino (por meio de um relato coerente do acaso) e ao sentido (por meio de um relato coerente de nossas escolhas). E isso nos faz bem. Os adultos, crianças que cresceram rápido demais, também precisam se contar histórias.

O QUE DEPENDE DE NÓS

Esta é a história de uma amiga, que viveu um período difícil há alguns anos: depois de ser deixada pelo marido, sua mãe morreu. Ela teve uma depressão, tratada com remédios e apoio psicológico. No fim, ela estava, segundo suas palavras: "Medicada, mas perdida". Sua irmã lhe deu um livro, o *Manual de Epicteto* – com o subtítulo *O que depende de nós* na edição de bolso que ela ganhou.[61] Epicteto foi um filósofo da Antiguidade que ensinava o estoicismo, doutrina preciosa para o enfrentamento da adversidade. Minha amiga reteve o essencial: "Aceita o que não depende de ti e age sobre o que depende". Mais tarde ela me contou o seguinte: "Entendi que nosso divórcio não era um acaso, meu companheiro não era a pessoa certa, e nós com certeza não nos esforçamos muito; nossa separação tinha um sentido, positivo: ela nos libertava de laços complicados demais, impossíveis de reparar, e nos devolvia à vida com um pouco mais de juízo para voltarmos a viver – ou não! – a dois. E também entendi que a morte de minha mãe não foi uma anomalia, mas um fato da vida, por mais doloroso que tenha sido: é normal que os pais morram antes dos filhos. O que não impediu minha infelicidade, mas ajudou a não aumentar minha tristeza. Compreender dessa maneira o que aconteceu comigo me aliviou e me consolou, me ajudou a virar a página e a olhar para o futuro. E saber que essas palavras de Epicteto foram escritas há quase dois mil anos me impressionou, pois elas ainda fazem muito sentido!".

A fé que consola

O maior e mais antigo empreendimento de consolação destinada aos seres humanos sem dúvida é a religião.

Muitos historiadores acreditam que os primeiros rituais funerários, entre 60 e 80 mil anos atrás, marcam o início da civilização humana e o nascimento das primeiras religiões. Como não ficar comovido, dezenas de milhares de anos depois, ao pensar em nossos ancestrais colocando alguns objetos (alimentos, ferramentas, joias, armas), que eles acreditavam úteis no além, ao lado de um parente morto? O túmulo de crianças proto-históricas são os mais tocantes: tentamos imaginar a dor dos pais ao enterrar o pequeno corpo, com flores e animais domésticos, e como esses rituais pré-religiosos apaziguaram suas tristezas. A religião teria nascido, em parte, da necessidade de consolação?

Claro que a religião não é apenas um grande sistema consolatório. Ela também é um sistema de compreensão do mundo, de suas origens, de seu futuro, e um meio de humildemente aceitar seus mistérios. No entanto, embora sua função explicativa acalme as inquietações de nossa mente, sua função consoladora é que aquece nosso coração em sofrimento. A religião dá a nossos mortos a perspectiva de uma vida nova e mais bonita no além, mas também reúne os vivos em torno do ritual fúnebre, com ações reconfortantes e palavras de consolo.

As funções psicológicas de apoio e reconforto da religião foram estudadas, e na maioria das vezes validadas, por várias pesquisas científicas,[62] que identificaram as três principais:

- o suporte ansiolítico da fé e das crenças, pelo sentido atribuído às adversidades ("Não se preocupe; mesmo que você não saiba, Deus sabe porque isso aconteceu") e pela esperança trazida ("Bem-aventurados os que choram, porque eles serão consolados"[63]);
- o vínculo social e o apoio da comunidade com quem compartilhamos as mesmas convicções e as mesmas visões de mundo;
- a prática da oração e dos rituais, entre outros momentos benéficos de tranquilidade para o corpo e a mente.

Claro que ninguém pratica uma religião com o simples objetivo de se beneficiar de seus efeitos consoladores. Mas, dirão os crentes, se a fé faz tão bem, não será o sinal de que é o caminho certo a ser seguido?

> **RELATO DE UMA DESCRENTE**
> Quando meu pai morreu em casa, nós nos vimos despreparados: éramos uma família não religiosa, criada no comunismo e órfã de todo tipo de fé. Naquele momento, vimo-nos com um corpo morto, um cadáver dentro de casa, diante do qual não sabíamos o que fazer. "Cadáver": uma das palavras mais horríveis de nossa língua. Duas senhoras da paróquia, chamadas por minha mãe, vieram em nosso socorro para o transporte do corpo. Elas pegaram nossas mãos enquanto nos mantínhamos ao pé da cama, ouvindo e repetindo as orações que elas diziam; nós nos nutrimos com a certeza de suas palavras simples, piedosas, fortes.

> Esqueci completamente o que disseram, mas a lembrança da cena e de minhas emoções está gravada para sempre em mim: sofrimento seguido de apaziguamento. E a certeza de uma consolação pela graça de um improvável momento de fé partilhada, mesmo fugaz, mesmo ingênua. Um pouco abalada por aqueles efeitos, frequentei a missa por algum tempo depois disso, para tentar reencontrar aquele sabor, incomum para mim, do reconforto da fé, mas minha tentativa não prosperou; eu não conhecia aqueles códigos, aquela cultura. Poderia ter me esforçado para aprender tudo aquilo, mas minha vida me levou para outro lugar, e a tristeza havia passado.

Todas as religiões são capazes de consolar, embora eu fale apenas da que conheci um pouco, a fé cristã. Encontramos na Bíblia vários chamados à consolação, e muitas tristezas quando ela não é encontrada: "O insulto partiu meu coração,/E estou debilitado./ Esperei um gesto, mas nada,/Não encontrei nenhum consolador".[64] Também encontramos recomendações para acolher a consolação: "Irmãos, recomendo-lhes: ouçam com paciência essas palavras de consolação".[65]

Inácio de Loyola, fundador da ordem jesuíta, desenvolveu amplamente em seus ensinamentos o par desolação-consolação: "Chamo de consolação todo aumento de esperança, fé e caridade, e toda alegria interior que chama e atrai às coisas celestiais e à felicidade da alma, acalmando-a e pacificando-a".[66] Para Santo Inácio, a consolação é o sinal de que estamos encontrando o caminho para Deus; ela não é um estado, mas um movimento. Em sentido contrário, a desolação revela que nos afastamos dele, mesmo a contragosto, e esse afastamento se manifesta por uma sensação de divisão interna, tristeza, desencorajamento e retraimento. Assim, desolação e consolação não são apenas fenômenos psicológicos, mas também dois estados espirituais, estreitamente ligados durante a vida humana.

Os "exercícios inacianos", aliás, misturam essas duas dimensões, psicológica e espiritual.[67]

Os cristãos contemporâneos se reportam mais a um Deus consolador do que a um Deus onipotente e reparador. Esse é o sentido de uma observação atribuída a Paul Claudel: "Deus não veio suprimir o sofrimento, nem mesmo explicá-lo. Ele veio preenchê-lo com sua presença". Deus nem sempre pode nos impedir de sofrer, isso é um fato, mas ele está sempre conosco, dizem os crentes.

Várias máximas da tradição cristã são frases consoladoras. Como o epitáfio gravado no túmulo da poeta Emily Dickinson: "Born Dec.10.1830, Called back May.15.1886". *Born... Called back...*, ou seja, "Nascida... chamada de volta". Não morremos, Deus apenas nos chama de volta para Ele, de onde viemos. Os mortos não são tirados de nós, eles são chamados para um mundo celestial, onde esperam por nós.

Gosto de uma frase do *Livro da Sabedoria*: "As almas dos justos estão na mão de Deus e nenhum tormento os tocará".[68] Estamos na mão de Deus, como uma joaninha na mão de uma pessoa bondosa. Quando viajo de avião e este passa por bolsões de ar, tempestades, turbulências violentas, meu corpo sente muito medo. E eu o acalmo com minha mente, dizendo-lhe que naquele momento estamos na mão de Deus (junto com todos os outros passageiros do avião, mas a mão de Deus é grande). Funciona perfeitamente: meu corpo para de se retesar e espera, para ver o que Deus vai fazer; até hoje, Deus fez o melhor que pôde, e tudo sempre acabou bem para os passageiros, para a tripulação... e para mim.

A fé pode comportar, no entanto, alguns inconvenientes – sem falar de seus desvios fanáticos. Para além de seu lado luminoso, ela pode incitar um distanciamento das consolações terrestres e humanas em proveito apenas da consolação divina, como no salmo 77: "Quando estou angustiado,/ Busco o Senhor./ À noite, com as mãos estendidas sem fraquejar,/ Recuso toda consolação". Para os crentes, somente Deus consola; ou melhor, somente Deus escolhe por meio de quem ou do que somos consolados.

A fé também expõe à decepção das preces não respondidas, levando a um sentimento de grande desolação e solidão absoluta, maior do que em ateus: sentir-se sozinho no Universo porque Deus não existe, tudo bem, mas porque Deus nos abandonou é terrível. No fim das contas, porém, a fé oferece mais vantagens do que inconvenientes: essa, em todo caso, foi a famosa "aposta" do filósofo Pascal, segundo a qual não temos nada a perder e tudo a ganhar acreditando em Deus. Vejamos seus argumentos:

A APOSTA DE PASCAL

– Examinemos, pois, esse ponto, e digamos: "Deus existe ou não existe". Para que lado nos inclinaremos? A razão nada o pode determinar: há um caos infinito que nos separa. Na extremidade dessa distância infinita, joga-se cara ou coroa. Em que apostareis? Pela razão, não podereis atingir nem uma, nem outra; pela razão, não podereis defender uma ou outra. Não acuseis, pois, de falsidade os que fizeram uma escolha, já que nada sabeis. – Não; acusá-los-ei, porém, de terem feito, não essa escolha, mas uma escolha; porque, embora o que toma a cruz e o outro cometam igual erro, ambos estão em erro: o certo é não apostar. – Sim, mas é preciso apostar. Não é coisa que dependa da vontade, já estamos metidos nisso. Qual escolhereis então? Vejamos. Já que é preciso escolher, vejamos o que menos vos interessa. [...] Vossa razão não se sentirá mais atingida por terdes escolhido uma coisa de preferência a outra, já que é preciso necessariamente escolher. Eis um ponto liquidado. Mas, vossa beatitude? Pesemos o ganho e a perda escolhendo a cruz, que é Deus. Consideremos esses dois casos: se ganhardes, ganhareis tudo; se perderdes, não perdereis nada. Apostai, pois, que ele existe, sem hesitar.[69]

Sim, esforçar-se para acreditar em Deus é aderir a uma hipótese reconfortante. De fato, observo que, em mim, para quem a fé é incerta e oscilante, sempre que me entrego a Ele, sinto-me melhor, apaziguado; a eventualidade, a simples eventualidade, de Sua presença constante, bondosa, onipotente e clarividente me tranquiliza; das preocupações menores cuido sozinho, mas, diante das grandes adversidades (doença e morte, violências extremas da sociedade), o fato de Ele talvez existir me reconforta.

Além disso, tenho vários pequenos rituais religiosos que pressinto serem compartilhados por muitas pessoas (descubro isso sempre que converso sobre o assunto). Quando deixo um lugar onde fui feliz, antes de partir, passo alguns minutos contemplando o oceano – ou a montanha, a floresta, o campo –, respirando, ouvindo, admirando; depois agradeço por todas as alegrias que vivi durante minha estada e peço para ter a sorte de poder voltar mais uma vez àquele lugar, ao menos mais uma vez.

Às vezes, nos momentos difíceis, sinto-me sozinho quando medito para me tranquilizar. Sozinho durante a prática, sozinho diante das dificuldades. Suspeito que o trabalho psicológico não será suficiente. Então paro de meditar e rezo. E, quando rezo, tenho a estranha sensação de estar telefonando para Deus: nunca recebi resposta alguma, até o momento, mas às vezes tenho a estranha impressão de que Alguém atende, lá no alto, e me ouve em silêncio. Quando rezo, volto-me para um Deus que me falta e não para um Deus que me ilumina, para um Deus que consola minhas dores e não para um Deus que realiza meus pedidos. Sou um crente instável, portanto: *esforço-me* para acreditar em Deus, admiro os que acreditam, compreendo os que não acreditam.

▶ ORAÇÕES DE UM DOENTE

Um velho senhor reza para que seus exames médicos de rotina estejam normais. Ele está preocupado, sente-se tão impotente quanto uma moeda atirada para o alto e prestes a cair do lado certo ou errado, condenação ou continuação. Vários dias depois, os resultados ficam prontos: são preocupantes. Então ele reza para que os exames seguintes, de investigação, estejam normais ou não muito alterados. Mas estes também não estão bons. Ele precisará passar por uma cirurgia. Como manter a confiança na oração e em Deus? Dizendo para si mesmo que somente Deus sabe o que é bom para nós? Está bem, mas ele gostaria de momentos de descanso, de poder compartilhar um pouco de saúde com os sortudos de sua idade que estão em plena forma! Ainda que ele também seja sortudo, se comparado a várias outras pessoas. Então ele se diz que Deus é inteligente ao deixá-lo sentir um pouco de dificuldade, perplexidade, incerteza, angústia; senão, seria fácil demais. Ele se lembra do provérbio do deserto: "Alá é grande, mas amarre seu camelo". E diz para si mesmo: "Deus o ajudará, cedo ou tarde, mas comece fazendo o que precisa ser feito". O velho senhor é um leitor de Gustave Thibon (descobri esse filósofo com ele), então abre um de seus livros e se depara com a seguinte passagem: "O homem recusa quando lhe pedem demais. Deus faz o contrário; ele recusa quando não lhe pedem o suficiente – por exemplo, bens materiais, graças visíveis etc.".[70] Quando nossas orações não funcionam, talvez não tenhamos pedido aquilo de que realmente precisávamos. Pedimos por segurança material demais e força espiritual de menos? Ele decide continuar pedindo ajuda por sua saúde, isso o tranquiliza, pois sozinho ele se sente frágil demais diante da doença. Mas também decide rezar para agradecer e para pedir mais força em sua fé. Faz orações simples, com palavras breves, diretas: "Obrigado, perdão, proteja-me, ajuda-me a me aproximar de Ti, faça o que Te parece bom". Ele percebe que essa ampliação do âmbito de sua oração, para além de sua saúde, faz-lhe bem, e percebe que sai consolado dos momentos de oração. Também se lembra de uma citação de Cioran: "Um livro gnóstico do século II diz: 'A oração do homem triste nunca tem forças para subir até Deus'. Como só rezamos quando aflitos, podemos deduzir que nenhuma oração jamais chegou a seu destino".[71] O velho senhor concorda, pensa que sempre devemos agradecer a Deus antes de lhe pedir o que quer que seja. Que devemos pensar em todas as graças recebidas antes de esperar receber outras. Ele se levanta do pequeno genuflexório. Nada mudou, mas agora se sente consolado.

A presença dos anjos: ilusões e consolações

"Pergunto-me onde você está. O cemitério, a terra, o caixão, isso não me basta como resposta."[72] O poeta Christian Bobin nos ilumina sobre a necessidade de vínculo que continuamos sentindo em relação aos mortos. A pessoa que amamos está morta, então o que fazer além de manter o vínculo ativo?

Depois da morte de meu melhor amigo, passei anos dizendo para mim mesmo que ele continuava aqui, a meu lado (isso ainda acontece de tempos em tempos). Passei anos dedicando-lhe momentos de minha vida, secretamente, em voz baixa, falando com ele: "É para você que faço isso; é com você que compartilho isso". Um verdadeiro louco... Ainda bem que ninguém percebia!

Imaginar os mortos a nosso lado, sentir que eles nos querem bem, dizer que eles continuam nos ajudando e amando – isso é muito reconfortante! Sabemos que estamos nos contando histórias. Se isso nos faz bem e é um segredo nosso, tudo bem. O restante de nossa pessoa funciona normalmente, embora por dentro estejamos ligeiramente doidos: ouvimos vozes e temos visões, destinadas exclusivamente a nosso uso pessoal.

Também podemos imaginar que nossos mortos se revelam a nós, sob uma grande quantidade de formas sutis e às vezes enigmáticas. Bobin também descreve isso: "Ontem vi teu túmulo, não aquele onde foste colocada (também o vi), mas aquele do qual sais o tempo todo sorrindo: estavas momentaneamente instalada num buquê de miosótis. Um pouco depois, adivinhei-te nas fantasias da chuva na autoestrada, e quando abri a porta do apartamento já estavas lá, no silêncio de um final de dia".[73]

As mais belas ilusões reconfortantes, ou as mais comoventes, porque mais imprevisíveis, talvez sejam as pareidolias, fenômenos que levam nosso cérebro a dar sentido àquilo que temos diante dos olhos. É o que explica enxergarmos formas nas nuvens, por exemplo, ou no padrão de um tecido, de um piso. Pouco antes de morrer, David Servan-Schreiber, psiquiatra visionário que popularizou na França o ômega-3 e a alimentação anticancerígena, pediu a seus filhos que pensassem nele quando o vento de verão acariciasse seu rosto: "Estarei com vocês nesse momento, beijando-os suavemente".[74]

"Não importa o que aconteça, sempre estarei com você": nunca ouvi ninguém me dizer isso antes de morrer; a vida real nem sempre se assemelha àquela que vemos no cinema ou de que falam os livros. Mas imagino que uma fala como essa deva dar uma força incrível. E que mais tarde deva ser mais fácil sentir a pessoa a nosso lado, sob mil e uma formas. Sentimos sua presença bondosa, amável, cuidadora: nesses casos, trata-se de uma forma de ultraconsolação.

Segundo o filósofo Clément Rosset: "O silêncio do mundo é provavelmente a principal fonte de angústia".[75] Do que ele está falando? Da sensação de solidão que sentimos quando o mundo continua girando enquanto estamos nos afogando. O mundo não precisa de nós; a adversidade nos lembra que nós é que precisamos dele. Mas também precisamos dizer para nós mesmos que temos alguém, onipresente porque ausente, alguém com quem compartilhamos um vínculo de amor e afeto e que se revela a nós através de pequenos sinais ou de ações invisíveis, mas benevolentes, como um anjo da guarda.

É bom pensar que as forças do amor zelam por nós e fazem o possível para nos ajudar e nos proteger. É reconfortante pensar que nunca estamos totalmente sozinhos. Ilusão? Quando estamos em sofrimento, temos o direito de não perguntar se isso é verdadeiro ou falso, lógico ou ilógico, e de preferir nos questionar da seguinte forma: ilusão consoladora ou ilusão desoladora?

***

    As ilusões podem nos ajudar a caminhar no sentido da aceitação da adversidade. Elas liberam nossas energias para outras atividades mentais que não as que resultam da tristeza (lamentar-se, culpar-se) e de buscas sem fim para esperar o que não existe mais, sonhar com o que não é mais possível. As ilusões às vezes têm a capacidade de dar um fim a essas exaustivas ruminações. Elas nos ajudam a voltar os olhos para a vida, para os outros, para o vínculo. E nos protegem da sensação de absurdo, vazio, desolação, solidão.

    Sim, gosto das ilusões que consolam. E, a propósito, quem pode provar que são apenas ilusões? Que importância isso tem, se o que buscamos é a consolação, e não a verdade? "As verdades são ilusões que esquecemos serem ilusões", disse Nietzsche.[76] Uma ilusão não é um erro, apenas a projeção de um desejo nosso sobre o mundo. "Iludir-se", como se diz na linguagem corrente, é considerar seus desejos realidade. Uma ilusão é uma leitura do mundo; a questão é não esperar dela mais do que ela pode dar. Se quisermos que ela transforme o real, ressuscite os mortos e acabe com as adversidades, nossa decepção será certa. Mas se admitirmos que ela só pode nos reconfortar, sem mudar nada, então seremos consolados.

Bela claridade, cara razão

Escuto os barulhos da cidade
E prisioneiro sem horizonte
No céu não vejo mais que hostilidade
E as paredes nuas de minha prisão

O dia acaba, eis que queima
Uma lâmpada na prisão
Somos os únicos em minha cela
Bela claridade e cara razão

Guillaume Apollinaire, encarcerado na prisão da Santé depois de ter sido erroneamente acusado de participar do roubo da *Mona Lisa* no Museu do Louvre, em 1911.[77]

LEGADOS DA DESOLAÇÃO E DA CONSOLAÇÃO

Em pleno momento de desolação, com a proximidade da morte, duas pessoas vivem juntas algo que talvez nunca vivessem sem o drama da doença. E que muitos casais nunca viverão. A desolação às vezes pode ser um mistério aterrador, quando nos traz aquilo que a vida nunca nos teria oferecido.

AMOR E MORTE

Um de meus pacientes jovens, que tratei alguns anos atrás por um transtorno de ansiedade social, procurou-me para dar notícias. Começou dizendo que estava melhor, coisa que me alegrou, e que veio falar comigo sobre uma grande reviravolta ocorrida em sua vida, alguns meses antes. Porque era um peso, porque, embora estivesse aguentando firme, temia que aquilo o fizesse desabar. Demorou a dizer de que se tratava, e de repente percebi que ele não estava mais tão calmo quanto gostaria e quanto eu pensava; seus lábios tremiam imperceptivelmente, e seus olhos estavam marejados. Sua esposa havia morrido. Ela era seu grande apoio na adversidade e na vida pura e simples. Sem dúvida, o único. Ele falou bastante de sua morte: tudo acontecera muito rapidamente, em poucos meses, depois de um diagnóstico gravíssimo, e ele interrompera todas as atividades para ficar ao lado dela e acompanhá-la da melhor maneira possível. "Foi um período terrível, com a morte se aproximando e a cada dia se tornando uma certeza mais concreta; a verdadeira morte, não sua imagem ou o medo dela, mas a morte da carne, com sofrimentos constantes e definhamento do corpo, complicações em cada gesto do cotidiano, perda de todas as forças e de toda autonomia. Mas também com um paradoxo absoluto: nunca fomos tão felizes juntos, nunca estivemos tão apaixonados um pelo outro quanto naquelas semanas que passamos conversando e nos apoiando. Nunca tínhamos tomado consciência da força de nossa história e da força do amor que nos unia. Com a aproximação da morte, foi-nos dado viver com uma intensidade nunca antes vivida. Ou que nunca soubéramos viver, sentir, dizer." Uma mistura da maior desolação – a morte – e da maior consolação – o amor. E meu paciente não sabia o que fazer com aquela experiência imensa e temia desabar apesar da força, também imensa, com que saíra daquilo.

A desolação pode nos tornar mais fortes?

Sempre saímos transformados de provações. Mas será que também saímos enriquecidos, fortalecidos, engrandecidos?

Em todo caso, é uma ideia remota, que encontramos desde a Antiguidade grega, como no dramaturgo Ésquilo: "*Pathei mathos*", o sofrimento ensina.[1] E principalmente em Nietzsche, na máxima bem conhecida: "O que não nos mata nos fortalece". Meus pacientes detestavam essa máxima. Pois, embora as adversidades não os tivessem matado, elas não os haviam fortalecido, mas enfraquecido, traumatizado, machucado, preocupado, fragilizado. Ou complexado, por não terem conseguido se tornar mais fortes. Quando Nietzsche aborda essa questão em *Crepúsculo dos ídolos*, aliás, ele na verdade escreve: "O que não ME mata me fortalece".[2] Ele está falando de si mesmo e de alguns personagens excepcionais.

O que ficou foi a ideia de uma sabedoria a golpes de martelo, na qual somente a desolação tem força suficiente para nos levar a mudar – torcendo nosso braço. É verdade que o infortúnio às vezes pode se revelar uma coação fecunda, uma adversidade fértil. A filósofa Simone Weil lembra que ele tem a virtude de nos obrigar a encarar o mundo: "O infortúnio obriga a reconhecer como real aquilo que não acreditávamos possível".[3] Mas esse real muitas vezes se manifesta como um sofrimento estéril.

Se há uma coisa que as provações da desolação ensinam é a inutilidade de basearmos a vida na força ("ser forte, mostrar-se forte" etc.), numa suposta solidez que, muitas vezes, estilhaça-se diante da primeira adversidade. Precisamos de força, sem dúvida, mas mais ainda de amor. Quando se trata de resiliência, de motivação para lutar ou para viver, nosso grande recurso existencial é o amor – recebido, dado, a receber, a dar. Em outras palavras, as verdadeiras bases da força para enfrentar as provações da vida são o amor e as consolações que ele nos proporciona.

O que não nos mata nos torna mais o quê?

O que não nos mata às vezes nos torna mais frágeis, mais tristes, mais sombrios: deixamos de confiar numa felicidade que não resiste a grandes adversidades.

Ou mais lúcidos: enxergamos melhor o mundo através das lágrimas? Talvez. A lembrança das lágrimas quando a alegria retorna também pode nos proporcionar uma visão mais lúcida: somos capazes de ser "mais" felizes, porque aprendemos o que era a verdadeira infelicidade. Assim, deixamos de desperdiçar os momentos de felicidade pensando que éramos muito infelizes, quando na verdade somos apenas pouco infelizes.

Por fim, o que não nos mata às vezes nos torna mais resistentes ao mal, torna nossa casca mais grossa. Mas essa casca é uma barreira que nos empobrece: impede a infelicidade de entrar, mas também a felicidade; e impede as emoções de saírem.

Não é fácil sair fortalecido do infortúnio

Ou esse fortalecimento só ocorre depois de um esforço tremendo, ou depois que nos contamos grandes mentiras! Lembra um pouco nossa relação com o envelhecimento e como cada um tenta se consolar a esse respeito: podemos considerá-lo a partir da filosofia, buscar seus aspectos positivos, vivê-lo da melhor forma. Mas, se fosse possível voltar – de verdade! – dez ou vinte anos no tempo, quem recusaria? E quem recusaria voltar à época anterior a um infortúnio? Quem não gostaria de evitá-lo ou modificar seu curso? Mas a vida não pede nossa opinião.

Se a desolação não nos torna mais fortes, ela pode nos tornar mais felizes? Sem dúvida, pois a experiência da infelicidade às vezes nos lembra – através da consolação – da necessidade, do sabor e do valor da felicidade. Mas conhecer a virtude da felicidade não significa saber acolhê-la ou criá-la em sua vida. As provações podem nos deixar convencidos de que a felicidade é uma sorte, mas também de que essa sorte não é para nós.

Por isso, a maneira como voltamos ao caminho da felicidade depois de cada adversidade é importante: as provações não são as únicas que nos transformam; a maneira como somos consolados, ou não, também.

Veremos a seguir, a respeito do chamado "crescimento pós-traumático", que a possibilidade de sair fortalecido de uma provação não tem nada de óbvio, mas é uma possibilidade. No entanto, essa verdade não deve ser apontada à pessoa em sofrimento: cada um deve descobri-la por si e, acima de tudo, construí-la.

Por fim, a grande questão é: existe um legado de nossas desolações e de nossas consolações? Mais que "lições", ou pior, "possibilidades", as adversidades e a desolação, assim como as consolações, deixam-nos um *legado*. Um legado é algo que não escolhemos receber, que em geral surge com uma morte, uma partida, uma perda, lágrimas. O legado de nossas desolações e consolações é como todos os legados: uma mistura de tristezas e riquezas. Precisamos triá-las, quando tivermos força e tempo.

EM REMISSÃO

Uma paciente me relatou a consulta médica que teve pouco antes de uma cirurgia: "A anestesista está sobrecarregada – também não deve ser muito talentosa – e apressa a consulta, de tanta gente que precisa ver e de tanto que está atrasada. Ela só tira minha pressão e confirma que posso ser operada através de uma série de perguntas de rotina. Em dado momento, explico-lhe que tenho um câncer. Ela me pergunta qual, quando, que tratamento. Depois abaixa a cabeça e escreve, falando em voz alta: 'OK, câncer em remissão'. Ela não vê que empalideço e fico crispada, pois nem olha para mim e não está nem aí. Imagino que, para ela, a palavra 'remissão' seja uma coisa boa, mas não para mim: por que ela não escreveu em sua ficha 'câncer curado'? Como ela parece com pressa e incompetente, um zero à esquerda em psicologia, prefiro não perder meu tempo e não pergunto nada, não digo nada. Mas não me sinto bem. Não gosto da palavra 'remissão', que me assusta. Ela sugere, aos doentes em todo caso, que o câncer vai voltar. Felizmente, uma amiga me acompanha na consulta, vamos ao cinema depois. Ela me reconforta, me lembra de que devo dar ouvidos aos oncologistas, não àquela anestesista apressada; eles me disseram que, passados cinco anos, eu não estaria mais em remissão (com um risco importante de recidiva da doença), mas em cura (o risco da doença se tornava o mesmo que para qualquer pessoa). Minha amiga me faz rir, lembrando-me de uma frase de Woody Allen: 'A vida é uma doença mortal, sexualmente transmissível'. E me consola com palavras simples: 'No fim das contas, todas as pessoas estão em remissão, algumas sabem disso, como você, e outras não, como as pessoas que nunca tiveram, ou ainda não tiveram, uma doença grave. Você tem mais clareza, avança à luz da doença, sabe onde coloca os pés. Você sabe viver todas as felicidades da vida como reconfortos preciosos para os sofrimentos passados, e também saboreá-las de antemão por todos os sofrimentos que talvez virão. Os outros estão no escuro, sem saber, não enxergam tudo que os ameaça, mas também não enxergam a que ponto é uma sorte estar vivo. Você não escolheu, mas sua vida é preferível à deles'. Relaxo um pouco, volto a respirar com mais calma, sinto que, ouvindo as palavras de minha amiga, meu corpo se sente melhor, minha mente começa a acreditar menos no pior e a duvidar dele: nada mudou a meu redor, mas por dentro me sinto consolada".

Três legados (possíveis) de nossas desolações

Do desapego forçado ao apego lúcido

O apego é um fenômeno psicológico normal e desejável no ser humano. Mencionamos anteriormente algumas de suas regras: uma criança precisa se apegar a figuras parentais, dentro de boas condições, para se afastar delas ao crescer e, principalmente, para criar, ao longo de sua vida adulta, novos apegos que não sejam aprisionamentos. Alguns de nossos apegos são duradouros (nossa família); outros vão e vêm (as pessoas que conhecemos). E nem todo afastamento é um desapego: o laço afetivo não implica (ou não deveria implicar) proximidade física.

Fontes de realização, nossos apegos também podem ser fontes de sofrimento – quando rígidos demais, como os apegos ansiosos, com medo constante do afastamento, do abandono ou da perda. Ou quando brutalmente retirados, quando a adversidade ou a morte nos tira uma pessoa ou uma situação; perder é um desapego súbito, sofrido, doloroso. E, como vimos, quase todas as desolações que nos atingem podem ser pensadas como perdas (de laços, bens, ideais), pois nunca são desejadas.

É normal, ou espontâneo e natural, apegar-se ao que é bom, aninhar-se em torno daquilo que amamos. É normal também, infelizmente, um dia perdermos aquilo a que estamos apegados. Na escala da vida, o apego foi feito para um dia se desfazer ou desintegrar. Podemos nos preparar para isso?

A solução, já sabemos, não consiste em nunca mais se apegar (o que seria uma estratégia de prevenção eficaz, mas empobrecedora), mas se apegar com lucidez, "com moderação", como no consumo de álcool. A filosofia budista vê os apegos como fonte de sofrimento e encoraja ao que poderíamos chamar de não apego. Mas a fórmula exata talvez seja "não se agarrar", em vez de "não se apegar". Agarrar-se é apegar-se sem aceitar ou apoiar a liberdade de movimentos. Seja como for, em vez de "não apego", prefiro o termo "apego suave" ou "lúcido": é preciso amar e apreciar, sem se agarrar. Saborear a vida, aceitando (ainda que um pouco a contragosto) que ela acabará na morte.

Apegar-se sem se agarrar

Como se apegar sem ficar angustiado, aceitando que tudo pode acabar? Todos os nossos apegos – às pessoas, aos objetos, aos lugares, aos prazeres, às atividades de que gostamos – são como a vida humana: devem ser saboreados intensamente, porque não temos garantia de que vão durar. A filosofia do momento presente e do *carpe diem* (literalmente "colha o dia", isto é, "aceite o que vier") são como uma garantia prudente, uma consolação antecipada. A prática do apego lúcido nunca é uma simples decisão, é uma prática constante, uma ascese regular: a cada dia, aceitar desapegar-se de pequenas coisas, de pequenos objetos, de pequenos hábitos, de pequenas certezas. Aceitar mudar de opinião, aceitar que podemos estar enganados, aceitar jogar fora ou dar objetos que não usamos mais, aceitar que as pessoas que amamos se afastem e tenham outras experiências de vida e outros amigos, afetos e apegos.

Lembrar-se, de novo e de novo, que a vida é – em parte – uma sucessão de provações, aflições e perdas. E também uma sucessão de alegrias, felicidades e encantos. A maneira como enfrentamos os primeiros influencia a maneira como recebemos os últimos. Por isso devemos prestar atenção em nossas desolações, e por isso as consolações, autoconsolações e consolações coletivas são importantes, como em funerais: todos estão tristes, e todos consolam uns aos outros. A consolação é o curativo colocado sobre a ferida dos desapegos impostos pela vida.

O essencial não é material

Nós nos protegemos atrás do acúmulo de objetos, relacionamentos, lembranças, certezas. Ao envelhecer, se não tomamos cuidado, tornamo-nos acumuladores, por preocupação ou inércia. E esses bens atravancam nossa vida, além de não nos consolarem da passagem do tempo. Robert de Montesquiou, dândi esnobe da Belle Époque, num dia de 1893 enviou a Marcel Proust uma fotografia sua acompanhada de um de seus próprios versos: "Sou o soberano das coisas transitórias".[4] Bela frase. Todos somos soberanos das coisas transitórias e insignificantes de nossa vida, e não podia ser diferente. Já que elas são transitórias, como nós, o não apego é a única filosofia de vida possível. E a adversidade nos ajuda, à sua maneira brutal, a compreendê-lo: ela nos mostra que não somos nem um pouco protegidos da infelicidade por nossas posses e nossa condição social. Cada fracasso e cada sofrimento deveriam nos ajudar a olhar com mais distanciamento para o que temos, e a colocar no centro, incansavelmente, os laços de afeto e as consolações. O amor, sempre.

DUAS HISTÓRIAS DE FIM DE VIDA E DE DESAPEGO MATERIAL

Nossos bens materiais podem nos consolar pelo uso que fazemos deles, não por sua posse ou acúmulo. Eles existem para nos libertar, e não para nos aprisionar. Conheci duas atitudes opostas à aproximação da morte, de duas pessoas idosas das quais fui muito próximo.

Ela: uma senhora muito angustiada com a ideia de morrer sem aproveitar suficientemente a vida. Ela vê a velhice como uma corrida atrás de momentos felizes, que estima não ter tido o suficiente na juventude – com razão, pois sua vida foi bastante triste. Então ela compra, acumula, agarra-se aos objetos; torna-se uma cleptomaníaca de coisas inúteis, rouba qualquer colherinha de café, qualquer copo de restaurante, qualquer xícara de bistrô, às vezes até desenterra plantas e flores de cruzamentos e

> jardins públicos. Quanto mais ela envelhece, mais cresce sua ansiedade e menos sua generosidade. Ao morrer, ela deixa para trás uma desordem administrativa absoluta, não tendo feito nada para transmitir sua herança em vida.
>
> Ele: sentindo a proximidade da morte, comporta-se como um velho romano, esvaziando a casa, dando todos os livros e o máximo de objetos para não atravancar ninguém, organizando seu funeral e sua herança para poupar a mulher e os filhos. E para que lhe reste como única tarefa – a mais importante, ele me diz – preparar-se para partir e se alegrar por ter vivido. No leito de morte, ele me pede para ler o lindo texto sobre os últimos dias de Guilherme Marshal – em sua época considerado o maior cavaleiro de todos os tempos,[5] que procede à distribuição de seus bens e passa aos familiares suas últimas recomendações. Ele se inspira nessa história para ter coragem.

Lembro-me de um pequeno conto filosófico, contado por um amigo italiano a nosso grupo de velhos conhecidos. Era uma vez dois meninos – um é filho de um rico, o outro é filho de um pobre. Os dois amigos, do alto de uma colina, observam a paisagem. O filho do rico diz: "Um dia, meu pai me trouxe aqui e disse: 'Olhe, meu filho, olhe e admire: um dia, tudo isso será seu'". Seu amigo, o filho do pobre, responde: "Ah, sim, eu também, a mesma coisa! Um dia meu pai me trouxe aqui e disse: 'Olhe, meu filho, olhe e admire'". Pequeno silêncio entre os presentes, que esperam a réplica final, mas que compreendem que a interrupção súbita da história é justamente a moral da história. Esse momento de surpresa, e de prazer, quando tomamos consciência da moral da história, leva-nos a pensar: o que é essencial? Admirar é melhor do que ter?

Apegos e desapegos da nostalgia

"Não chore porque acabou, sorria porque aconteceu": esse é o lema da nostalgia, emoção agridoce, mistura de felicidade e tristeza.

Em todos os nossos apegos e desapegos mais íntimos, a nostalgia figura em lugar de destaque. E ela é uma emoção consoladora.

A nostalgia é o contrário do desapego? Ou sua encarnação? Ou a oportunidade de trabalho regular no aperfeiçoamento de nossas capacidades de apego e desapego? À primeira vista, a nostalgia representa um refúgio consolador do passado e, portanto, um apego a esse passado. Mas as coisas são mais complicadas que isso. Porque estudos mostram que existe uma dimensão reparadora e reconfortante da nostalgia, que não é da mesma ordem do apego (ao passado), mas do desapego (da tristeza pelo que passou). Sob certas condições, é claro: parece existir uma arte da nostalgia. A nostalgia consoladora de um presente difícil consiste em escolher se voltar para os bons momentos do passado (é benéfico revivê-los) e decidir ter uma perspectiva adaptada: alegramo-nos por tê-los vivido, ainda que eles tenham ficado para trás. Nesse caso, a nostalgia é como uma experiência exitosa de desapego feliz do passado.

Mas a nostalgia também permite várias outras coisas: por exemplo, nutrir-se do passado revisitado, abrir os olhos para ele, reviver a intensidade do momento anos depois. Eis o que diz Gustave Thibon: "Lembranças distantes mais presentes que presenças: os mais humildes detalhes da vida, vividos em seu tempo como insignificantes, de repente adquirem um sentido misterioso e desmesurado que os projeta para fora do tempo e do relativo. Emoção retardada que se une às fontes do ser, ressurreição pelo adeus: revivemos profundamente o que vivemos superficialmente".[6] Nessas linhas, o filósofo nos mostra como podemos, pela lembrança e pela nostalgia, tomar consciência da densidade, até então incompreendida, de nossa vida.

Em um de seus livros, Joseph Kessel fala de um homem idoso (e também de si mesmo, então idoso): "Para ele, agora, viver era recordar. E ele fazia suas recordações girarem segundo a rosa dos ventos".[7] Com a idade, rememorar o passado e a vida não significa fugir da ideia de morte e envelhecimento, mas se consolar de antemão. Lembro-me das palavras de um paciente idoso: "Quando jovem, eu tinha lembranças; hoje, tenho um passado". Ele queria dizer que, com o tempo, ele reuniu suas lembranças até então dispersas e as reorganizou numa história coerente: e essa coerência, como dissemos, é fonte de consolação. Jovens, vivemos num presente aberto para o futuro; idosos, vivemos um presente aberto para o passado. Quanto mais fortes forem a incerteza e a angústia do futuro, mais a certeza e a segurança do passado nos são necessárias. Talvez seja possível se preparar melhor para deixar a vida ao manter um laço feliz com o passado?

> **QUE SUA VIDA TORNE O MUNDO UM LUGAR MAIS BONITO**
> Um dia recebo uma carta de uma ex-estagiária de Psicologia, que me anuncia o nascimento de gêmeos: "Caro Christophe, nossos pequenos anjos chegaram! Eles estão ótimos, e nós também! Que a vida deles possa tornar o mundo um lugar mais bonito. Um abraço. Até logo". Sou tomado por uma alegria total e inexplicável ao pensar naqueles dois pequenos que – conforme o desejo da mãe – talvez façam do mundo um lugar mais bonito. Como explicar essa emoção que consola – no instante presente – todas as minhas preocupações com o futuro do planeta? Ela me faz pensar que um dia não estarei mais aqui, que aqueles gêmeos estarão em meu lugar e que, talvez, o mundo de fato seja um lugar mais bonito, graças a eles e seus semelhantes. E esse pensamento, frágil, hipotético, incerto, mas disseminado pelo amor de uma mãe, apresenta-me uma linda história que me comove e me consola.

■ *No fim, desapegar é livrar-se do excesso de peso*

Lembro-me de um guia de montanha que com frequência nos acompanhava em nossas caminhadas: ele sempre inspecionava nossas mochilas antes de sairmos e nos fazia tirar metade do que planejáramos levar. "Para maior conforto, melhor uma mochila leve; não vamos para a montanha para ter conforto, mas para viver algo mais forte: maravilhamento!" Ele estava certo: sempre precisamos nos livrar de nosso excesso de peso para chegar à liberdade de pensamento e de movimento. Mas essa liberdade exige esforços e vigilância, como lembra a divisa marcial da Força Aérea dos Estados Unidos: "O preço da liberdade é a eterna vigilância".[8] Por isso devemos praticar uma vigilância tranquila, mas exigente, sobre todos os apegos e todas as certezas – apegos mentais que constantemente nascem em nós.

Morrer e viver

Toda reflexão sobre o sofrimento ligado ao apego ansioso (possuir) e sobre a consolação ligada ao apego sereno (saborear) nos leva a pensar sobre o desapego final, obrigatório: o desapego da vida.

Lembro-me de uma conversa com um amigo filósofo a respeito da morte. Parafraseando o publicitário Jacques Séguéla (que dizia antigamente: "Se aos 50 anos você não tiver um Rolex, é porque falhou na vida"), ele me disse: "Se aos 70 anos você ainda tiver medo da morte, é porque falhou na vida!". Não se trata de ficar obcecado com a morte, desolação derradeira, mas de aprender a viver com a ideia da morte, para viver melhor. E cada desolação, cada adversidade, uma vez atravessadas, são ocasiões para exercícios de reflexão sobre a morte, dentro desse espírito: viver cada dia pensando na morte sem dúvida é mais frutífero do que viver cada dia acreditando-se imortal.

Jules Renard escreveu em seu diário: "Doença: ensaio para a morte". E a adversidade é um ensaio para o quê? Para o nosso fim, nosso desaparecimento? Para nossa lucidez! A vida é sofrimento e chega ao fim com a morte. Depois que isso é compreendido e aceito, podemos passar para outra coisa. Uma felicidade madura e resiliente pode então nascer, existir e frutificar. Quando sobrevivemos a um grande infortúnio, doença grave ou luto, compreendemos que um dia vamos morrer e que a vida é bela, simplesmente por ser a vida, sem qualquer outra condição.

Uma paciente uma vez me disse: "A doença me lembrou que vou morrer, coisa que eu tendia a esquecer. Sobrevivi e estou viva, mas agora sei, de fonte segura, que um dia, próximo ou distante, isso vai acabar. A perspectiva da morte era um conhecimento, a doença o transformou numa experiência tangível. O medo da morte diminuiu, mas não a vontade de aproveitar o tempo que me resta a viver, qualquer que ele seja".

O envelhecimento é outra ocasião de aprender a morrer, isto é, de aceitar inteligentemente que um dia vamos deixar este mundo e fazer o melhor uso possível da vida antes disso. Nossa sociedade, que quer apagar a morte, também quer apagar a preparação para a morte – o envelhecimento do corpo. Um absurdo que nos proíbe toda forma de consolação antecipada. Inclusive na forma de uma ilusão útil: dizer para si mesmo que é para nos preparar para aceitar que nosso corpo decai – quanto mais ele se tornar desconfortável e vacilante, menos nos lamentaremos de abandoná-lo. Para alguns, atingidos pela doença, a morte é um alívio ao sofrimento; para outros, enfraquecidos, ela é um alívio ao cansaço de viver.

Entre as coisas que nos preparam para o desapego útil estão as consolações ligadas à tomada de consciência das "últimas vezes". Lembro de minhas tristezas de fim de ano durante minha escolaridade, do primário à universidade: separações, sem dúvida, mas também a certeza inconsciente – e violentamente sentida – de que muitos rostos sumiriam de meu radar. Em nossa vida, temos muitas *últimas vezes* de que não tomamos consciência: a última vez que vemos um amigo ou um lugar, a última vez que vivemos uma experiência. Jovens, nós as ignoramos, ou temos um vago pressentimento delas. A partir de certa idade, seu número aumenta de maneira vertiginosa, e ninguém consegue ignorá-las. A sabedoria, então, consiste em perceber que talvez estejamos vivendo uma "última vez" e parar para com alegria saborear a vida ainda mais profundamente, em vez de nos retesarmos na angústia da recusa.

CONTINUAR SEM MORRER[9]

Num de seus romances,[10] Emmanuel Carrère cita a carta de um garotinho de 8 anos à avó: "Ainda não morri... Continuo sem morrer". Ele não diz: "Continuo vivo, ainda estou vivo", mas "Continuo sem morrer". O garotinho sabe por que escreve isso: é a época dos grandes massacres soviéticos de 1936, durante os quais Stálin, em seu delírio paranoico, envia milhões de concidadãos ao *gulag* e à morte. O perigo é real a cada dia. A morte ronda em toda parte, e só há lugar para a sobrevivência.

Mas isso é verdade para todas as vidas, em todos os instantes: a morte sempre está perto, sempre é possível. Ela é uma convidada indesejável, que se esconde atrás das cortinas da sala enquanto estamos ocupados com nossas pequenas idas e vindas: se olhássemos melhor, veríamos a ponta de seus pés por baixo do tecido.

No entanto, viver pensando na morte o tempo todo é difícil demais, angustiante demais. Então tomamos poções do esquecimento: envolvemo-nos com um monte de ações úteis e distrações fúteis para manter esses pensamentos à distância. Até o dia em que a morte nos alcança, nos agarra, nos sacode... e às vezes nos solta, em vez de nos engolir: escapamos com vida de um acidente, somos curados de uma doença. Ou uma pessoa próxima se vai, capturada pela morte e levada para longe. Então compreendemos que nossas tentativas de esquecimento não passam de um paliativo e que é de consolação que precisamos, não de negação.

Quando perdi meu melhor amigo, na época de estudante, a morte entrou para sempre em minha vida. Desde então, sei que ela segue, fiel, tranquila, a meu lado. Sua presença me ajuda. Quando pego minha *scooter*, ela sobe na garupa e coloca as mãos em meus ombros. Sei que posso morrer a cada trajeto. Sei que, quando dirijo no Boulevard Périphérique de Paris, sou como um antílope galopando entre elefantes

> e rinocerontes: se eles mudarem bruscamente de pista, morrerei. Assim é. Acredito que lembrar disso me ajuda a não perder de vista minha fragilidade: preciso me manter extremamente vigilante ao dirigir, mas sem me crispar. Quando desço de minha *scooter*, desligo o aplicativo "consciência da morte" e me volto para a vida. Com o passar dos anos, meu sistema se aperfeiçoou. Não passo nenhum dia sem pensar na morte. E nenhum dia sem me esforçar para me consolar, lembrando-me de que ainda estou vivo, ainda respiro. E, como disse Jon Kabat-Zinn, meu mestre de meditação: "Enquanto você continuar respirando, é porque sua vida tem mais coisas que estão bem do que coisas que vão mal". Consolação da respiração, da consciência da respiração.
>
> É essa terceira via, e somente ela, entre negação e obsessão com a morte, que pode tornar nossa vida feliz e lúcida e nos consolar por nosso fim.

Existe crescimento pós-traumático?

Em 1987, um *ferryboat* que fazia a travessia entre a Inglaterra e a Bélgica naufragou: 193 passageiros morreram afogados. Uma equipe de psicólogos e pesquisadores se dedicou então aos cerca de 300 sobreviventes. Eles trataram as pessoas com sintomas de estresse pós-traumático, mas perceberam que mais de 40% dos sobreviventes não apresentavam esses sintomas e declaravam, pelo contrário, que a tragédia mudara para melhor sua visão de mundo e da vida: eles saboreavam melhor a sorte de estar vivos, sentiam-se mais felizes e em harmonia com seus familiares.[11] Esses estudos levaram a uma terceira onda de pesquisas sobre as consequências psicológicas do trauma: depois de estudos sobre sequelas e estresse pós-traumático, e depois de estudos sobre recuperação e resiliência, vieram estudos sobre o chamado crescimento pós-traumático.

O crescimento pós-traumático designa a possibilidade de, a partir de uma experiência traumática que conseguimos superar, avançarmos e vivermos melhor do que antes da adversidade. Haveria três etapas de reconstrução:

1. sobreviver (resistir e não afundar, ainda em meio à adversidade),
2. voltar a viver (a chamada resiliência, depois de passada a adversidade),
3. viver melhor (integrar a adversidade à própria história, e sentir-se enriquecido por ela).

Uma mentira reconfortante ou uma verdade? Vários estudos[12] parecem indicar que se trata de uma realidade para um número bastante importante de pessoas. Mas algumas condições devem estar presentes para que o infortúnio se torne uma experiência, e não um trauma: precisamos dispor de recursos pessoais e relacionais, entre os quais figuram todos os alimentos da consolação e da autoconsolação. A consolação age como uma mão estendida em nossa via-crúcis: seca nossas lágrimas, tira-nos do fundo do poço, guia nossos passos, levanta-nos quando caímos. Ela nos ensina a ter paciência, torna-nos mais tolerantes com a lentidão de nossa reconstrução. Ela nos ensina a ser bondosos conosco mesmos. A consolação é como uma bússola quando estamos perdidos: recorremos aos outros, suas palavras, seus conselhos, seu amor e seu afeto.

Cioran, que não era um sonhador, lembrava: "No plano espiritual, toda dor é uma sorte; somente no plano espiritual".[13] Acho que não devemos compreender essa observação como uma mensagem para nos desviar da ideia de crescimento pós-traumático, mas para buscá-la na boa direção. À primeira vista, a paz concreta, material é que nos permite buscar a paz espiritual; quando vivemos sofrimentos demais neste mundo, permanecemos presos a eles, numa luta pela sobrevivência e para restaurar nossa segurança. O plano espiritual de certo modo é deixado em segundo plano. Mas, depois que o tempo difícil da desolação passa (o tempo do luto, da perda dilacerante, da falta asfixiante), os verdadeiros auxílios vêm do imaterial: do amor, da espiritualidade, da fé, das ilusões consoladoras, de tudo o que é fragilmente impalpável.

Para entender o crescimento pós-traumático, é preciso entender as regras que regem a psicologia dos fins e dos começos. O luto e a adversidade com frequência sobrevêm de maneira brutal, identificável, mas o renascimento da felicidade é turvo e progressivo. Por isso, a adversidade provoca longas estagnações: se não acreditamos na felicidade possível, se não a protegemos, se não a alimentamos com nossa atenção, ela cresce bem devagar. O infortúnio não tem essas fragilidades nem essas exigências, ele pode se impor mesmo quando não nos preocupamos com ele e olhamos para outra coisa. É por isso que caímos mais rapidamente do que nos reerguemos. O mal chega de uma só vez, imenso e brutal; o bem retorna aos poucos, frágil e incerto.

A pessoa que se recupera de uma provação é invadida, no início, pelo gosto amargo de um saber que ela teria preferido não conhecer: a felicidade é frágil, vários objetivos de nossa vida são triviais, com frequência patinamos na superficialidade e na inconsciência – inconsciência da fragilidade da condição humana e inconsciência de sua beleza. Compreendemos que, sem perceber e sem querer, vivemos na banalidade, na superficialidade, na mediocridade.

Depois de uma grande provação, essa maneira de viver não nos atrai mais, e não queremos voltar a ela. Não queremos voltar a atividades distrativas, mas insignificantes. Às vezes, descobrimos que toda nossa vida precisa mudar. Ou nosso olhar sobre ela: compreendemos a diferença entre o banal empobrecedor e o banal enriquecedor. Nada é insignificante aos olhos de quem quase morreu ou viu morrer alguém próximo. Só saímos enriquecidos de uma provação quando entendemos uma coisa: nossa vida é um encadeamento de pequenas maravilhas. Essa é a virtude – a única, porém imensa! – do sofrimento: abrir nossos olhos para a felicidade da *ausência de sofrimento*. Dor de dente e fim da dor de dente: ou o dente foi tratado, ou caiu. E essa sequência nos ensina mais que longos discursos filosóficos ou psicológicos sobre a dor. Essa simplicidade é desoladora para alguns intelectuais, mas posso dizer que me alegro com essa lição acessível a todo mundo, como disse Gide: "A experiência ensina mais seguramente que o conselho".[14] A pessoa que atravessou o inferno pode olhar sem medo para o futuro: ela vê a vida que tem pela frente, e não a chegada da morte. Ela raciocina como Orígenes, um dos Pais da Igreja, sujeito estranho, aliás, que ensinava à época (por volta do ano 250): "Experimente tudo, e guarde o que é bom".[15] Enfrentar e aceitar o que acontece conosco, depois saborear o que merece ser saboreado – séculos depois, a ideia ainda é boa.

Três legados (possíveis) de nossas consolações

A revelação da interdependência e de seu âmago: a gratidão

Ao fim do livro *La nuit se lève*, em que descreve a descoberta de um glaucoma, a jornalista Élisabeth Quin diz: "Sempre confiei na bondade de desconhecidos",[16] afirmando que esse poderia ser o lema dos deficientes visuais, dos quais ela logo faria parte. Mas esse também poderia ser o lema de todos os seres humanos, vulneráveis, mas confiantes.

A interdependência é tanto uma realidade quanto um ideal. Realidade: sem os outros, não podemos sobreviver nem nos realizar. Ideal: uma vez compreendida e aceita, essa realidade precisa ser vivida não como uma ameaça ("Sem os outros, não sou nada"), mas como uma sorte ("Graças aos outros, minha vida é mais bonita") e um objetivo (multiplicar os laços, as trocas, os apoios mútuos, com alegria, sem contabilizá-los).

A interdependência é o que nos salva quando vivemos uma desolação, graças ao auxílio dos afetos que recebemos. O lema da interdependência é: "Sozinhos vamos mais rapidamente, mas juntos vamos mais longe". Poderíamos acrescentar: "E juntos nos reerguemos melhor, sempre que caímos". O bem que a consolação dos outros nos oferece mostra que existem coisas que não podemos nos proporcionar totalmente.

A principal emoção da interdependência é a gratidão: ter consciência do que devemos a nossos semelhantes e nos alegrarmos com isso. A cada felicidade, a cada sucesso, pensar que outras pessoas nos ajudaram a chegar àquele momento; agradecer a elas, em nosso coração e em nossos pensamentos, mas também, se possível, em palavras, na vida real. A gratidão nos permite compreender que nossa vida só é bela por causa do que recebemos dos outros, no passado e no presente; e que ela só continuará assim se a interdependência continuar.

Quando vivemos uma desolação, é comum só sentirmos gratidão num segundo momento, bem depois de termos sido consolados. Quando nos afogamos, não pensamos em dizer "obrigado" imediatamente a quem nos salva e nos leva para a terra firme, antes recuperamos o fôlego e a consciência. Não faz mal. A psicologia positiva nos ensina que a gratidão pode ser cultivada por meio de pequenos exercícios *a posteriori*, ingênuos apenas na aparência: todas as noites, ao dormir, pensar no bem que recebemos ao longo do dia, nos sorrisos, nos conselhos, nas ajudas. Funciona muito bem, como mostram vários estudos.[17]

Gosto de exercícios que na hora não parecem mudar nada (será que alguns exercícios mentais, antes do sono, podem modificar o que quer que seja?), apenas nosso olhar sobre a vida. Mas, como todos sabem, esse olhar pode mudar tudo.

A consciência da interdependência é uma riqueza considerável, mas a tomada de consciência de sua existência e de sua importância ocorre mais facilmente depois de grandes dificuldades: as ajudas e as consolações recebidas nos mostram a que ponto ela é vital. Despertar a gratidão em si mesmo, todos os dias, é uma maneira de despertar e respirar e frutificar a consciência da interdependência – uma maneira de nos tornarmos mais atentos às consolações a oferecer e, quando necessário, receptivos às consolações a receber.

O maravilhamento

Como vimos, a filosofia nos ensina que, para descobrir as verdadeiras alegrias, pode ser útil enfrentar uma provação ou entender que a vida não deixará de colocá-las em nosso caminho. Mas o sofrimento não é a única coisa que nos faz tomar consciência do que a vida realmente é. E a provação não é a única coisa que rompe o véu de ilusões que mascara a realidade. Em vez de contar com o crescimento pós-traumático para redescobrir o sentido da vida, podemos tentar o caminho do crescimento pré-traumático, e substituir o irritante "O que não nos mata..." por outra máxima: "Torne-se mais forte que suas alegrias, em vez de mais forte que seus infortúnios".

Para isso, precisamos descobrir a capacidade de chorar e sorrir da vida, de nos enternecermos com suas emoções e até mesmo com suas destruições, como nesta história: "Uma senhora bem velhinha perdeu a cabeça, mas não a memória. Ela acha que seu marido é seu pai e fala com ele como se tivesse 15 anos. Ele, fascinado, ouve intermináveis histórias sobre o colégio, os colegas, os primeiros amores: e assim reencontra sua mulher de antes".[18]

Nesse âmbito, nossos mestres costumam ser as pessoas felizes e maravilhadas. Antigamente, eu via as pessoas maravilhadas como tolas, a quem faltava uma coisa: lucidez. Hoje vejo-as como pessoas sensatas, com algo a mais: lucidez. Com a lucidez do sábio, não com a lucidez do guerreiro.

Maravilhado foi o escritor Joseph Kessel, que morreu na frente da televisão, assistindo a uma reportagem sobre espeleologia – suas últimas palavras foram: "Que maravilha...".[19]

Maravilhado foi um amigo que um dia me disse: "A felicidade me deu uma grande bofetada". Ele, que era taciturno, tinha acabado de ter um filho. Que o fizera conhecer outro mundo, um mundo de alegria e maravilhamentos, sob o efeito de um mecanismo exatamente inverso e simétrico ao do estresse traumático: o trauma (bastante raro) da felicidade, e de sua revelação súbita e incontestável.

Maravilhado foi Pierre, meu sogro, que guardava cuidadosamente, numa grande pasta de papelão, todos os artigos de jornais sobre acontecimentos felizes: progressos tecnológicos, tratados de paz, belezas do mundo. Ele também registrava acontecimentos pessoais, reconciliações ou notícias boas da família, momentos comoventes. Ele escreveu nessa pasta: "Coisas que me deixam maravilhado". E dedicava a esse velho eudemonismo tanta energia quanto a que os pessimistas dedicam a perscrutar os sinais de angústia.

À medida que entendo que a vida é "sofrer, sofrer, sofrer e, no fim, morrer", entendo também que existem duas maneiras de fazer essa travessia: a dos aflitos e a dos maravilhados. E que a segunda é não apenas mais sensata que a primeira, também é mais interessante.

Os maravilhados nunca são maltratados pela vida? Claro que sim. Mas eles logo se autoconsolam, reparados por sua imunidade psicológica, diariamente alimentada pelo maravilhamento: "O que quer que aconteça, não tenho nada a lamentar, a vida terá sido bela, alegre e interessante". Cada pequeno momento feliz é para eles uma consolação das dores passadas e futuras. Os maravilhados são livres, sempre previamente reconfortados dos reveses e dos sofrimentos: sempre disponíveis para o maravilhamento e para a felicidade do momento, porque não agarrados a maravilhamentos e felicidades anteriores, perdidas, passadas ou lamentadas.

A aceitação de nossas dores, e o afeto a sentir por elas

Podemos lamentar passar por provações, porque elas nos ferem, fragilizam, porque nos fazem perder algumas ilusões. Mas seria o mesmo que lamentar viver porque a vida nos faz envelhecer! Esse é um movimento natural: o tempo que passa nos devasta e nos enriquece. Os dois processos são indissociáveis; podem ser invisíveis para nós, mas não precisam de nosso olhar para existir, continuam presentes, não importa o que façamos, para o bem e para o mal. Ou focamos apenas em um ou outro, ou aprendemos a olhar para os dois de maneira aprofundada. Para nos consolarmos por aquilo que perdemos com a passagem do tempo e suas provações, basta ver o que o tempo e a vida nos deram.

Há algum tempo, derrubei uma pequena estatueta de gesso, presente de uma amiga em Toulouse, ao mudá-la de lugar em meu escritório.[20] Era uma Virgem bem simples, de pé, com uma auréola e vestido marrom, as mãos juntas em oração. A queda a decapitou. Fiquei triste pela estátua e pela lembrança que ela representava. Colei-a do jeito que pude e, no início, ver sua cicatriz, a marca da cola e o gesso trincado me entristecia um pouco. Eu disse "um pouco", pois de fato em nossa vida há coisas mais importantes que um objeto quebrado; mas você sabe como funciona nossa mente. Ter consertado e colado a estátua não me consolou. Senti vontade de me livrar dela: melhor não ver um belo objeto quebrado do que me lembrar a cada vez com tristeza de que poderia não tê-lo quebrado. Mas não consegui. Então disse para mim mesmo que a cicatriz em seu pescoço fazia parte de sua história, de nossa história conjunta.

Isso me consolou um pouco. O tempo passou e continuou de maneira subterrânea seu trabalho de consolação, que eu recolocara sobre os trilhos da melhor maneira possível. Hoje, quando olho para a estatueta, que continua em meu escritório, lanço um olhar tranquilo para a marca em seu pescoço. E um olhar mais rico: a lembrança de sua queda, de minha tristeza e do conserto se somaram às lembranças de minha amiga de Toulouse, do lugar onde ela ficava à época etc. Sempre me lembro do princípio da impermanência, tão caro aos budistas: tudo quebra e tudo passa. Nosso destino, o da estatueta e o meu, é quebrar, decompor-se e voltar ao pó; depois, ser recomposto em outra coisa.

Nos dias em que estou bem, acho a pequena Virgem tão bonita quanto antigamente, com sua marca de cola. A cicatriz não tirou sua graça. Talvez ela esteja ainda mais bonita do que se continuasse intacta. Como na arte japonesa do *kintsugi*.

O *kintsugi* acredita que, quando um objeto precioso, por seu valor ou por sua história, quebra-se, é preciso consertá-lo com cuidado, mas não tentar esconder esse conserto. Pelo contrário, devemos torná-lo bonito e visível, pois se torna parte intrínseca de sua identidade. No *kintsugi* tradicional, são consertadas principalmente tigelas de porcelana e cerâmica: para isso, utiliza-se uma cola que une minuciosamente os pedaços e em seguida é recoberta por um pouco de laca com pó de ouro. Obtemos, então, objetos consertados mais valiosos do que os que não foram quebrados, com finas cicatrizes de ouro que destacam sua beleza e contam um capítulo de sua história e da de seu proprietário. Não conheço consolação mais bonita, mais inteligente e mais elegante do que essa para a tristeza de uma fissura material.

Gosto dessa prática, que tem algo de surpreendente, na contracorrente de uma época em que jogamos fora tudo o que está gasto ou quebrado. Gosto, porque às vezes tenho a impressão de me deparar com pessoas *kintsugi*! Pessoas que foram maltratadas pela vida, mas que conseguiram se recuperar e não se tornaram amargas ou ressentidas. Pelo contrário, pessoas que evoluíram, que se reconstruíram e cresceram, melhoraram.

Elas colaram os cacos de sua vida despedaçada: choraram, foram consoladas, esforçaram-se para amar de novo a vida e as pessoas; e pouco a pouco suas cicatrizes psíquicas foram recobertas pelo ouro da bondade e da sabedoria, de certa sabedoria, uma sabedoria consolada, que costumamos encontrar em pessoas que atravessaram um pedaço do inferno e saíram dele com vontade de amar a vida. Vejo essas pessoas em toda parte a meu redor: um amigo que manca devido a um acidente grave, outro que saiu de uma depressão severa, um paciente curado depois de inúmeras hospitalizações. Eles prefeririam não ter sido devastados pela adversidade. Mas hoje seus sorrisos valem ouro: eles se tornaram *kintsugi*.

Olha sem medo para o fim de todas as coisas

A beleza que te segue desde tua primeira infância,
No declínio de teus dias não quer te deixar;
E o tempo orgulhoso de ter feito teu rosto,
Conserva seu brilho e teme apagá-lo.

Olha sem medo para o fim de todas as coisas
Consulta o espelho com olhos alegres.
Não vemos cair nem teus lírios nem tuas rosas;
E o inverno de tua vida é tua segunda primavera.

Do poeta **François Maynard**,
dirigindo-se, em 1638, a seu amor de juventude,
que se casara com outra pessoa e enviuvara,
e por quem ele continuava apaixonado.[21]

Nada acaba para sempre

Aorásia: os gregos usavam essa palavra para designar a aparição de um ser divino que só era reconhecido no momento de seu desaparecimento. A consolação, no início, é uma aorásia: ela nasce de uma palavra, de um gesto, de uma palavra, de um esforço, que nos fazem um pouco bem, um bem frágil e instável. Um bem que dura apenas um instante e depois se apaga, para a volta da tristeza.

No entanto, esse instante nos mantém vivos, ele nos oferece um minúsculo e imperceptível ímpeto, até a próxima consolação, até a próxima felicidade.

Raramente temos consciência disso em nossas desolações, pois a tristeza e a preocupação ocupam todo o espaço dentro de nós, esmagando nossa receptividade, nossa capacidade de perceber uma leve melhora. Não faz mal.

Mais tarde, depois que voltamos à vida, entendemos o que aconteceu: aqueles instantes nos consolaram.

A consolação, no fundo, é a mesma coisa que a felicidade, mas sob a luz sombria da dor. É aceitar se deixar comover pela suavidade das coisas, pela ternura das pessoas, pela beleza do mundo, quando estamos em sofrimento e toda felicidade parece inútil, trivial e mesmo ofensiva.

***

Nesses momentos, a luz vacilante da consolação indica uma saída ao longe, e sua voz imperceptível murmura: "Nada acaba para sempre. Basta uma felicidade para tudo recomeçar".[22]

Ser consolado é querer acreditar nisso: nada acaba para sempre, basta uma felicidade para tudo recomeçar.

Bibliografia comentada

Consolações filosóficas

Alain de Botton. *As consolações da filosofia.* Tradução de Eneida Santos. Porto Alegre: L&PM, 2021.

    Obra acessível, concreta e viva, em que Sócrates pode nos consolar quando somos impopulares, Epicuro, quando nos falta dinheiro, Montaigne, quando não nos sentimos à altura, Schopenhauer, quando estamos com o coração partido etc. Um companheiro didático e motivador!

André Comte-Sponville. *L'Inconsolable et autres impromptus.* Paris: PUF, 2018.

    Apenas o primeiro dos pequenos textos que constituem este livro é dedicado à consolação, mas vale a leitura (os outros também, aliás). O autor fala com sobriedade de seus infortúnios, mostrando o que o ajudou a superá-los: a força da amizade e da vida, mais que a filosofia. Brilhante e reconfortante.

Vincent Delecroix. *Consolation philosophique.* Paris: Payot & Rivages, 2020.

    Obra sombria e bastante dubitativa sobre a possibilidade de qualquer tipo de consolação, sobretudo pela filosofia: "Quem, aliás, jamais se consolou seguindo fielmente as instruções fornecidas pelas *Cartas a Lucílio?*".

Michaël Fœssel. *Le Temps de la consolation.* **Paris: Seuil, 2015.**

Uma longa e profunda reflexão filosófica e política sobre os significados e os papéis sociais do sofrimento e da consolação em todas as sociedades humanas: "Pensando na consolação, aceitamos o poder subversivo da dor, que nem as injunções ao luto nem os imperativos de resiliência conseguem sufocar".

Consolações coletivas

Jacques Attali e Stéphanie Bonvicini. *La Consolation.* **Paris: Naïve; France Culture, 2012.**

Derivado de um programa da France Culture, o livro apresenta perspectivas sobre a consolação elaboradas por vários convidados, pensadores, jornalistas, psiquiatras, padres, rabinos e pessoas em luto. Uma grande riqueza de pontos de vista, íntimos e espontâneos.

Obra coletiva. *La Consolation: Mots pour maux.* **Paris: Autrement, 1997.**

Uma multiplicidade de olhares (escritores, filósofos artistas etc.) sobre todas as formas de consolação: do cinema à ópera, da filosofia à psicologia, da carícia à oração.

Consolações vividas

Anne-Dauphine Julliand. *Consolation.* **Paris: Les Arènes, 2020.**

"Perdi minhas filhas. Quando digo isso, alguns se afastam […] Outros se calam […] Outros murmuram 'eu também' […] Outros se aproximam…" O relato, comovente e útil, das consolações recebidas por uma mãe que teve a dor de perder duas filhas.

Claire Oppert. *Le Pansement Schubert.* **Paris: Denoël, 2020.**

Uma violoncelista descobre que sua música, tocada para pessoas no fim da vida, doentes, deficientes, pode ter um inesperado poder consolador. Cheio de surpresas e maravilhamentos, o livro conta vários encontros em torno de uma cena simples: uma mulher toca violoncelo para pessoas que sofrem, e elas se sentem reconfortadas.

Consolações psicológicas

Christophe Fauré. *Vivre le deuil au jour le jour*. Paris: Albin Michel, 2008 (2. ed.); e Alain Sauteraud. *Vivre après ta mort*. Paris: Odile Jacob, 2017.

Duas obras escritas por médicos psiquiatras especialistas no acompanhamento de pessoas enlutadas. Não são especialmente dedicadas à consolação, mas cheias de explicações e conselhos que, por sua vez, aos poucos se revelam consoladores.

Consolações da religião

Dante. *Je cherchais ma consolation sur la terre...* Paris: Gallimard, 2018. (Folio Sagesses.)

Com a morte de Beatriz, o amor de sua vida, Dante fica desesperado, mas encontra consolo em Deus e suas graças depois de não conseguir recebê-lo dos textos filosóficos e da passagem do tempo.

Mestre Eckhart. *O livro da divina consolação*. Tradução de Raimundo Vier. Petrópolis: Vozes, 2016.

Esse tratado do célebre beneditino e místico medieval foi escrito para a rainha Inês, da Hungria, e convidava-a a se voltar para a graça divina. Para o autor, o mais importante é chegar à "divina consolação", que significa encontrar a presença oculta de Deus em nós – não apenas pela fé, mas também por um trabalho de desapego pessoal; esse segundo ponto o fez ser processado por heresia pela Inquisição.

Monique Durand-Wood. *Consolation. Avis de recherche*. Paris: Cerf, 2018.

O relato romanceado de uma busca de consolação é contado por Adèle, capelã num hospital, após seu encontro com um garotinho no fim da vida. Depois de buscá-la na filosofia, ela a busca na fé cristã e, por fim, no quarto do garotinho, até a resolução do enigma.

Delphine Horvilleur. *Vivre avec nos morts*. Paris: Grasset, 2021.

Não necessariamente dedicado à consolação, mas ao acompanhamento de pessoas em luto, e a toda a visão da tradição judaica a respeito da morte e do sofrimento das pessoas próximas.

Régine Maire. *Ce que dit la Bible sur la consolation*. Bruyères-le-Châtel: Nouvelle Cité, 2015.

Uma pequena antologia das consolações oferecidas pelo Antigo e pelo Novo Testamento. Em hebraico, a palavra "consolação" vem da raiz NHM, do nome Noé: "Aquele que nos consolará de nossas obras e do trabalho de nossas mãos" (*Gênesis* 5:29).

Consolações antigas

Boécio. *A consolação da filosofia*. Tradução de Willian Li. São Paulo: Martins Fontes, 2012.

Em 524, cinquenta anos depois da queda do Império Romano, Boécio, filósofo e conselheiro do rei ostrogodo Teodorico, cai em desgraça. É preso, torturado e condenado à morte. Ele ainda tem tempo, no entanto, de escrever esta obra, na qual imagina que uma grande e bela mulher o visita para um diálogo que o consolará: a própria Filosofia. Esta última, aliás, não é fácil e, vendo as musas da poesia à cabeceira de Boécio para consolá-lo pela Arte, fica curiosa: "Quem autorizou essas putinhas de cena a se aproximarem do doente?". Porque ela tem muito mais a lhe oferecer, e o tempo urge.

Plutarco. *Consolation à sa femme*. Paris: Rivages Poche, 2018.

Com a morte de Timoxena, sua filha de 2 anos, Plutarco, que está viajando, escreve à esposa para consolá-la, de uma maneira que hoje nos parece bastante áspera e pomposa, mas de acordo com o gosto da época. No entanto, se nos dedicarmos a uma leitura atenta, veremos claramente a dor de Plutarco e seu desejo de preservar as mais belas lembranças da filha: "Como essa criança era nossas mais caras delícias, nosso mais doce espetáculo, nosso mais delicioso concerto, da mesma forma o pensamento nela deve se manter ainda mais fielmente no fundo de nossos corações. Ou melhor, devemos conceber mais alegria que tristeza".

Sêneca. *Consolations.* **Paris: Les Belles Lettres, 1975. (Dialogues, tomo III.)**

Sêneca escreveu várias cartas de consolação a seus familiares e amigos. Elas devem consideradas exercícios de estilo, aos quais os romanos estavam acostumados. Mas seria uma pena ficar apenas nisso: suas consolações também são uma colocação em prática dos grandes princípios da filosofia estoica e de sua áspera atitude diante da vida, da adversidade e da morte.

Agradecimentos

Ao irmão Denis Hubert e ao seu duplo, o monge Théotime, que me consolaram na abadia de En-Calcat, num outono e para sempre.

A Catherine e Sophie, pelo apoio e pela amizade.

A Pauline, Faustine, Louise e Céleste, por seu amor.

NOTAS

¹ *La Légende des siècles*. t. XXI: *Le Temps présent*. Hetzel, 1877.

Consolação
1. THIBON, Gustave. *L'Ignorance étoilée*. Paris: Fayard, 1974. p. 47.
2. COMTE-SPONVILLE, André. *L'Inconsolabe et autres impromptus*. Paris: PUF, 2018. p. 25.
3. MALHERBE. *Poésies*. Paris: Gallimard, 1971. p. 49.

Desolações
1. DELECROIX, Vincent. *Consolation philosophique*. Paris: Payot & Rivages, 2020. p. 137.
2. GOETHE. *Faust I e II* (1808 e 1832). Paris: Flammarion, 1984. p. 220.
3. THIBON, Gustave. *L'Illusion féconde*. Paris: Fayard, 1995. p. 13.
4. NOËL, Marie. *Les Chansons et les Heures*. Paris: Gallimard, 1983 [1922]. p. 54, "Conseils". (Poésie/Gallimard.)
5. NOËL. *Les Chansons et les Heures*, p. 44, "Attente".
6. EPICURO. *Lettres, maximes et autres textes*. Paris: Flammarion, 2011. p. 121 (Sentence Vaticane, 31). [Em português: *Sentenças vaticanas*. Tradução e comentários de João Quartim de Moraes. São Paulo: Loyola, 2014. p. 35.]
7. JULLIAND, Anne-Dauphine. *Consolation*. Paris: Les Arènes, 2020. p. 13.
8. JULLIAND. *Consolation*, p. 54.
9. FAURÉ, Christophe. *Vivre le deuil au jour le jour*. Paris: Albin Michel, 2004. p. 234.
10. Filme de Terrence Malick (2019).
11. Frase do romance *Middlemarch*, de George Eliot (Paris: Gallimard, 2005). [Em português: *Middlemarch, um estudo da vida provinciana*. Tradução de Leonardo Fróes. Rio de Janeiro: Record, 1998.]
12. HORIGIAN, Viviana E. *et al*. Loneliness, Mental Health, and Substance Use Among US Young Adults During COVID-19. *Journal of Psychoactive Drugs*,

v. 53, n. 1, p. 1-9, 2021. E também: COWIE, Helen; MYERS, Carrie-Anne. The Impact of the COVID-19 Pandemic on the Mental Health and Well-being of Children and Young People. *Children & Society*, v. 35, n. 1, p. 62-74, 2021.

[13] MONTAIGNE. *Essais*, livro III (1588), capítulo 9 ("De la vanité"). Edição em francês moderno de Claude Pinganaud. Paris: Arléa, 2004. p. 681. [Em português: *Sobre a vaidade*. Tradução de Ivone Castilho Benedetti. São Paulo: Martins Fontes, 1998. p. 11.]

[14] Título da obra do escritor sueco Stig Dagerman – que se suicidou em 1954 – publicada pela editora Actes Sud em 1993.

[15] FITZGERALD, Francis Scott. *La Fêlure*. Paris: Gallimard, 1981 [1963]. p. 485. [Em português: *Crack-up*. Tradução de Rosaura Eichenberg. Porto Alegre: L&PM, 2007.]

[16] SHAKESPEARE. *A tempestade* (c. 1611), ato I, cena 2.

[17] ÉRASME. *Les Adages*, volume 1, adágio 2.7. Paris: Les Belles Lettres, 2011. p. 48-49.

[18] Blog de Jacques Drillon, Les Petits Papiers, n. 66, "Les mots empoisonnés", 17 jul. 2020.

[19] ADLER, Laure. *À ce soir*. Paris: Gallimard, 2002. p. 184.

O que nos consola: a criação de vínculos

[1] LACOUTURE, Jean. *Album Montaigne*. Paris: Gallimard, 2007. p. 136. (Albums de la Pléiade.)

[2] FŒSSEL, Michaël. *Le Temps de la consolation*. Paris: Seuil, 2015.

[3] QUIGNARD, Pascal. *La Barque silencieuse*. Paris: Seuil, 2009. p. 193.

[4] *Rosa, la vie. Lettres de Rosa Luxemburg*. Textes choisis par Anouk Grinberg. Paris: Éditions de l'Atelier; France Culture, 2009. Carta de 30 de março de 1917, p. 123.

[5] Blog de Jacques Drillon, Les Petits Papiers, n. 125, "L'espion de l'âge", 3 set. 2021.

[6] *Rosa, la vie*, carta de 25 de maio de 1915, p. 53.

[7] *Rosa, la vie*, carta de 30 de março de 1917, p. 123.

[8] WAAL, Frans de. *De la réconciliation chez les primates*. Paris: Flammarion, 1992. p. 66-67.

[9] WAAL, Frans de. *Le Bon Singe: Les bases naturelles de la morale*. Paris: Bayard, 1997. p. 79.

[10] VAISH, Amrisha *et al.* Sympathy through Affective Perspective-taking, and Its Relation to Prosocial Behavior in Toddlers. *Developmental Psychology*, v. 45, n. 2, p. 534-543, 2009.

[11] HORVILLEUR, Delphine. *Vivre avec nos morts*. Paris: Grasset, 2021. p. 80.

[12] CAMUS, Albert; CHAR, René. *Correspondance 1946-1959*. Paris: Gallimard, 2001. Carta de Camus a Char de 17 de setembro de 1957.

[13] CAMUS; CHAR. *Correspondance 1946-1959*, carta de Char a Camus, 2 de dezembro de 1957.

[14] CAMUS; CHAR. *Correspondance 1946-1959*, carta de Camus a Char, abril de 1948.

[15] CAMUS; CHAR. *Correspondance 1946-1959*, carta de Char a Camus, 22 de junho de 1947.

[16] THIBON. *L'Ignorance étoilée*, p. 183.

[17] Entrevista na revista *L'Express*, de 2013 ("Christian Bobin: 'Não somos obrigados a obedecer'", entrevista na íntegra disponível no site da revista).

[18] Durante um colóquio da associação Émergences, em Bruxelas, em 24 de setembro de 2016.

[19] ALAIN. *Propos*. Paris: Gallimard, 1956. t. 1. (Bibliothèque de la Pléiade.) 31 de dezembro de 1911 ("Gribouille"), p. 124-125.

[20] Baseado em minha crônica publicada na revista *Psychologies*, em abril de 2018.

[21] KLEIST, Heinrich von. *Récits*. Paris: Le Promeneur, 2000.

[22] EKMAN, Paul. *et al.* The Duchenne Smile: Emotional Expression and Brain Physiology, II. *Journal of Personality and Social Psychology*, v. 58, n. 2, p. 342-353, 1990.

[23] PAPA, Anthony; BONANNO, George A. Smiling in the Face of Adversity: The Interpersonal and Intrapersonal Functions of Smiling. *Emotion*, v. 8, n. 1, p. 1-12, 2008.

[24] KELTNER, Dacher; BONANNO, George A. A Study of Laughter and Dissociation: Distinct Correlates of Laughter and Smiling During Bereavement. *Journal of Personality and Social Psychology*, v. 73, n. 4, p. 687-702, 1997.

[25] Contado por Pascal Quignard em *La Barque silencieuse*, p. 15.

[26] APOLLINAIRE, Guillaume. *Le Guetteur mélancolique*. Paris: Gallimard, 1970. p. 11. (Poésie/Gallimard.)

[27] ERASMO. De conscribendis epistolis (1522), cap. 49-50, Exercícios de retórica [*online*], "Sur la consolation", n. 9, 2017.

Consolar o outro

[1] RENARD, Jules. *Journal*, 9 de outubro de 1897.

[2] Citado por André Comte-Sponville na obra *L'Inconsolable*, p. 22.

[3] Dutramblay, fábula "La jeune fille et son chat", citada por Jean-Yves Dournon em seu *Grand Dictionnaire des citations françaises* (Paris: L'Archipel, 2002).

[4] DELECROIX. *Consolation philosophique*, p. 210.

[5] CARRÈRE, Emmanuel. *Yoga*. Paris: P.O.L, 2020. p. 135.

6. Citado por Julian Barnes em *Le Perroquet de Flaubert* (Paris: Stock, 2000, p. 287). [Em português: *O papagaio de Flaubert*. Tradução de Manoel Paulo Ferreiro. Rio de Janeiro: Rocco, 1988.]
7. NORBERG, Anders; BERGSTEN, Marcus; LUNDMAN, Berit. A Model of Consolation. *Nursing Ethics*, v. 8, n. 6, p. 544-553, 2001.
8. SÖDERBERG, Anna; GILJE, Fredricka; NORBERG, Anders. Transforming Desolation into Consolation: The Meaning of Being in Situations of Ethical Difficulty in Intensive Care. *Nursing Ethics*, v. 6, n. 5, p. 357-373, 1999.
9. Anedota contada por Élisabeth Quin em seu belo relato *La nuit se lève* (Paris: Grasset, 2019. p. 116). Nicolle obteve o Nobel em 1928 por suas pesquisas sobre o tifo.
10. Citado por FŒSSEL. *Le Temps de la consolation*, p. 56.
11. HORVILLEUR. *Vivre avec nos morts*, p. 109.
12. COMTE-SPONVILLE. *L'Inconsolable*, p. 11.
13. SAND, George. *Lettres d'une vie*. Paris: Gallimard, 2004. (Folio.); SAND, George; FLAUBERT, Gustave. *Tu aimes trop la littérature, elle te tuera: Correspondance*. Paris: Le Passeur, 2018.
14. MALHERBE. *Poésies*.
15. PLUTARQUE. *Consolation à sa femme*. Paris: Rivages Poche, 2018. p. 33-53.
16. CÉLINE, Louis-Ferdinand. *Voyage au bout de la nuit*. Paris: Gallimard, 1952 [1932]. [Em português: *Viagem ao fim da noite*. Tradução de Rosa Freire d'Aguiar. São Paulo: Companhia das Letras, 2009.]
17. CHATEAUBRIAND, François-René de. *Mémoires d'outre-tombe (1848-1850)*. Paris: Gallimard, 1997. (Quarto.)
18. HUGO, Victor. *Choses vues (1887-1900)*. Paris: Gallimard, 1997. (Folio Classique.)

Receber e aceitar a consolação

1. BOBIN, Christian. *Autoportrait au radiateur*. Paris: Gallimard, 1999. p. 21. (Folio.)
2. MAUSS, Marcel. Essai sur le don: Forme et raison de l'échange dans les sociétés archaïques. In: *L'Année Sociologique*, seconde série, 1923-1924. [Em português: Ensaio sobre a dádiva: forma e razão da troca nas sociedades arcaicas. In: *Sociedade e antropologia*. Tradução de Paulo Neves. São Paulo: Ubu, 2017.]
3. Anne-Dauphine Julliand, em vídeo no canal de YouTube do jornal *Figaro*, de 26 de fevereiro de 2021.
4. Relato inspirado em meu prefácio ao livro *L'Autocompassion*, de Christopher K. Germer (Paris: Odile Jacob, 2013).
5. *El Desdichado* (1854).

[6] *Gênesis* 37:35.

[7] *Jeremias* 31:15.

[8] In: ATTALI, Jacques; BONVICINI, Stéphanie. *La Consolation*. Paris: Naïve; France Culture, 2012. p. 139-148.

[9] JULLIAND. *Consolation*, p. 193.

[10] Blog de Jacques Drillon, Les Petits Papiers, n. 107, "Le canapé du cyclope", 30 de abril de 2021.

[11] DAGERMAN, Stig. *Notre besoin de consolation est impossible à rassasier*. Paris: Actes Sud, 1981 [1952]. [Em português: *A nossa necessidade de consolação...* Tradução de Flavio Quintale. Belo Horizonte: Âyiné, 2020.]

[12] ZORN, Fritz. *Mars*. Paris: Gallimard, 1982. p. 19. (Folio.)

[13] Citado por Nancy Houston em *Professeurs de désespoir* (Arles: Actes Sud, 2004, p. 103).

[14] GARY, Romain. *Pour Sganarelle*. Paris: Gallimard, 2013 [1965]. (Folio.)

[15] THIBON. *L'Ignorance étoilée*, p. 89.

[16] LEYS, Simon. *Les Idées des autres*. Paris: Plon, 2005. p. 14.

[17] Em sua novela *Agnès* (autorretrato, publicado pela NRF em fevereiro de 1927). Citada por Julian Barnes em *L'Homme en rouge* (Paris: Mercure de France, 2020, p. 202).

[18] FREDRICKSON, Barbara. *Love 2.0*. Paris: Marabout, 2014.

[19] THOREAU, Henry David. *Journal 1837-1861*. Paris: Terrail, 2005. p. 216.

[20] DAGERMAN. *Notre besoin de consolation est impossible à rassasier*.

Os caminhos da consolação

[1] Na tradução muito pessoal de Paul Claudel, *Psaumes* (Bonchamp-lès-Laval: Téqui, 1986).

[2] GUINZBOURG, Evguénia. *Le Vertige*. Paris: Seuil, 1990 [1967, tomo I]. p. 191. (Points.)

[3] Citado por TODOROV, Tzvetan. *Face à l'extrême*. Paris: Seuil, 1994 [1991]. p. 99. (Points.)

[4] TESSON, Sylvain. *Sur les chemins noirs*. Paris: Gallimard, 2016. p. 16.

[5] HILLESUM, Etty. *Une vie bouleversée*. Paris: Seuil, 1985. p. 158. [Em português: *Uma vida interrompida*. Tradução de Mariângela Guimarães. Belo Horizonte: Ayiné, 2019.]

[6] *Rosa, la vie*.

[7] WHITE, Mathew P. *et al*. Spending at Least 120 Minutes a Week in Nature Is Associated with Good Health and Wellbeing. *Scientific Reports*, v. 9, n. 1, n. 7730, 2019.

8 GOYAL, Atul Kumar *et al*. Nature Walk Decrease the Depression by Instigating Positive Mood. *Social Health and Behavior*, v. 1, n. 2, p. 62-66, 2018.

9 ROBERTS, Hannah *et al*. The Effect of Short-term Exposure to the Natural Environment on Depressive Mood: A Systematic Review and Meta-analysis. *Environmental Research*, v. 177, 2019.

10 CAMUS, Albert. Noces, "Le Vent à Djemila". In: *Œuvres complètes*, Paris: Gallimard, 2006. t. I. p. 115. (Bibliothèque de la Pléiade.)

11 BOBIN, Christian. *Ressusciter*. Paris: Gallimard, 2003. p. 87. (Folio.)

12 MICHEL, Jessica. *A Parental Perspective: The Role of Companion Animals for Children During Separation and Divorce*. Tese na universidade Edith-Cowan, 2008. E também: SARGIN, N. *et al*. Pet Therapy: An Approach to Support Mental Health of People in Their Life-long During Covid-19 Period. *International Journal of Quality in Education*, v. 5, n. 2, p. 82-97, 2021.

13 HERZOG, Harold. The Impact of Pets on Human Health and Psychological Well-being: Fact, Fiction, or Hypothesis?. *Current Directions in Psychological Science*, v. 20, n. 4, p. 236-239, 2011.

14 FORETS, Louis-René des. *Pas à pas jusqu'au dernier*. Paris: Mercure de France, 2001. p. 61-62.

15 *Les Épistoliers du XVIIe siècle*. Paris: Larousse, 1952. p. 28. (Classiques Larousse.)

16 WILLIAMS, Paul T. *et al*. The Relationship of Walking Intensity to Total and Cause-specific Mortality. Results from the National Walkers' Health Study. *PLOS One*, v. 8, n. 11, 2013.

17 MILLER, Jeffery C.; KRIZAN, Zlatan. Walking Facilitates Positive Affect (Even When Expecting the Opposite). *Emotion*, v. 16, n. 5, p. 775-785, 2016. E também: MATA, Jutta *et al*. Walk on the Bright Side: Physical Activity and Affect in Major Depressive Disorder. *Journal of Abnormal Psychology*, v. 121, n. 2, p. 297-308, 2012.

18 Citado por LE BRETON, David. *Marcher la vie*. Paris: Métailié, 2020. p. 123.

19 *The Art Newspaper*, publicado *online* em 20 de janeiro de 2021.

20 ATTALI; BONVICINI. *La Consolation*, p. 10.

21 BOTTON, Alain de; ARMSTRONG, John. *Art et thérapie*. London: Phaidon, 2014. p. 64-65 e p. 90. [Em português: *Arte como terapia*. Tradução de Denise Bottmann. Rio de Janeiro: Intrínseca, 2014.]

22 Citado por Julian Barnes em *L'Homme en rouge*, p. 222.

23 SAND; FLAUBERT. *Tu aimes trop la littérature, elle te tuera*, carta de 18 e 19 de dezembro de 1875, p. 596-599.

24 Essa perturbadora obra-prima pode ser contemplada no museu Unterlinden de Colmar, na Alsácia.

25 BROCKINGTON, Guilherme *et al*. Storytelling Increases Oxytocin and Positive Emotions and Decreases Cortisol and Pain in Hospitalized Children.

Proceedings of the National Academy of Sciences of the United States of America, v. 118, n. 22, 2021.

26 Ver, por exemplo, o site La Liseuse, ou Les Agités du Buccal. Inúmeras associações oferecem o serviço, encorajado pela Alta Autoridade de Saúde no âmbito das abordagens de apoio às patologias dolorosas crônicas.

27 VALERY, Paul. *Œuvres*. Paris: Gallimard, 1957. t. I. p. 1422. (Bibliothèque de la Pléiade.)

28 MAR, Raymond A.; OATLEY, Keith. The Function of Fiction Is the Abstraction and Simulation of Social Experience. *Perspectives on Psychological Science*, v. 3, n. 3, p. 173-192, 2008. E também: KIDD, David C.; CASTANO, Emanuele. Reading Literary Fiction Improves Theory of Mind. *Science*, n. 342, p. 377-380, 2013.

29 LIEBERMAN, Matthew D. *et al*. Putting Feelings into Words. Affect Labeling Disrupts Amygdala Activity in Response to Affective Stimuli. *Psychological Science*, v. 18, n. 5, p. 421-428, 2007.

30 BARNES. *Le Perroquet de Flaubert*, p. 303.

31 WEI, Wang. *Le Plein du vide*. Millemont: Éditions Moundarren, 2008. p. 23.

32 COMTE-SPONVILLE, André. *Dictionnaire philosophique*. 3ᵉ éd. Paris: PUF, 2021.

33 *Rosa, la vie*, p. 177.

34 VALERY, Paul. *Tel quel*. Paris: Gallimard, 1996 [1941]. (Folio Essais).

35 JULLIAND. *Consolation*, p. 155-156.

36 JULLIAND. *Consolation*, p. 181.

37 HARVEY, Alan R. Links Between the Neurobiology of Oxytocin and Human Musicality. *Frontiers in Human Neuroscience*, v. 14, art. 350, 2020.

38 TARUFFI, Liila; KOELSCH, Stefan. The Paradox of Music-evoked Sadness: An Online Survey. *PLOS One*, v. 9, n. 10, 2014.

39 TER BOGT, Tom F. M. *et al*. "You're Not Alone": Music as a Source of Consolation Among Adolescents and Young Adults. *Psychology of Music*, v. 45, n. 2, p. 155-171, 2017.

40 DAVIES, Stephen. Why Listen to Sad Music if It Makes One Feel Sad?. In: ROBINSON, Jenefer. *Music and Meaning*. Ithaca, NY: Cornell University Press, 1997. p. 242-253.

41 Entrevista no jornal *Le Monde*, 16 de novembro de 2020.

42 OPPERT, Claire. *Le Pansement Schubert*. Paris: Denoël, 2020.

43 CIORAN. *Œuvres*. Paris: Gallimard, 1995. p. 22. (Quarto.)

44 Para uma síntese dessas pesquisas, ver PENNEBAKER, James W.; SMYTH, Joshua M. *Écrire pour se soigner: La science et la pratique de l'écriture expressive*. Genève: Markus Haller, 2021.

[45] MONCOND'HUY, Dominique. *Le Tombeau poétique en France*. Paris: La Licorne, 1994.

[46] WEIGAND, Rosalie; JACOBSEN, Thomas. Beauty and the Busy Mind: Occupied Working Memory Resources Impair Aesthetic Experiences in Everyday Life. *PLOS One*, v. 16, n. 3, 2021.

[47] KILLINGSWORTH, Matthew A.; GILBERT, Daniel T. A Wandering Mind Is an Unhappy Mind. *Science*, n. 330, p. 932, 2010.

[48] KELES, Betul *et al*. A Systematic Review: The Influence of Social Media on Depression, Anxiety and Psychological Distress in Adolescents. *International Journal of Adolescence and Youth*, v. 25, n. 1, p. 79-93, 2019. Ver também: KHOUJA, Jasmine N. *et al*. Is Screen Time Associated with Anxiety or Depression in Young People? Results from a UK Birth Cohort. *BMC Public Health*, v. 19, n. 1, p. 82, 2019.

[49] PAGLIARO, Gioacchino *et al*. A Randomized Controlled Trial of Tong Len Meditation Practice in Cancer Patients: Evaluation of a Distant Psychological Healing Effect. *Explore*, v. 12, n. 1, p. 42-49, 2016.

[50] Citado por André Comte-Sponville em *L'Inconsolable*, p. 24.

[51] Victor Hugo, trecho do poema "Après avoir souffert", na coletânea *Dernière Gerbe*, publicada postumamente (Paris: Calmann-Lévy, 1902).

[52] NEWBERG, Andrew B. *Principles of Neurotheology*. Surrey: Ashgate, 2010. Ver também: BOHLER, Sébastien. *Bonheur (les émotions, comment ça marche?)*. Paris: Aubanel, 2010. p. 48.

[53] Entrevista com Andrew Huberman em *Cerveau & Psycho*, n. 130, p. 64-67, mar. 2021.

[54] BOBIN. *Autoportrait au radiateur*, p. 36.

[55] STRAUSS, Clara *et al*. Mindfulness-based Interventions for People Diagnosed with a Current Episode of an Anxiety or Depressive Disorder: A Meta-analysis of Randomised Controlled Trials. *PLOS One*, v. 9, n. 4, 2014.

[56] CIORAN. *Écartèlement*. In: *Œuvres*, p. 1472.

[57] ALAIN. *Les Arts et les Dieux*. Paris: Gallimard, 1958. p. 1058. (Bibliothèque de la Pléiade).

[58] ZWEIG, Stefan. *Le Monde d'hier*. In: *Romans, nouvelles et récits*. Paris: Gallimard, 2013. t. II. p. 862. (Bibliothèque de la Pléiade.) [Em português: *Autobiografia: o mundo de ontem. Memórias de um europeu*. Tradução de Kristina Michahelles. Rio de Janeiro: Zahar, 2014.]

[59] TULLETT, Alexandra M. *et al*. Randomness Increases Self-reported Anxiety and Neurophysiological Correlates of Performance Monitoring. *Social Cognitive and Affective Neuroscience*, v. 10, n. 5, p. 628-635, 2015. Ver a síntese desses trabalhos na obra de Sébastien Bohler *Où est le sens?* (Paris: Robert Laffont, 2020).

[60] RICŒUR, Paul. *Soi-même comme un autre*. Paris: Seuil, 1990.

[61] ÉPICTETE. *Ce qui dépend de nous*. Paris: Arléa, 2004.

⁶² VISHKIN, Allon *et al.* God Rest Our Hearts: Religiosity and Cognitive Reappraisal. *Emotion*, v. 16, n. 2, p. 252-262, 2016. E também: BLAZER, Dan. Religion/Spirituality and Depression: What Can We Learn from Empirical Studies?. *American Journal of Psychiatry*, v. 169, n. 1, p. 10-12, 2012.

⁶³ *Evangelho Segundo São Mateus*, 5:4.

⁶⁴ Salmo 69.

⁶⁵ *Hebreus* 13:22.

⁶⁶ Exercício espiritual n. 316.

⁶⁷ LOYOLA, Saint Ignace de. *Exercices spirituels. Texte définitif de 1548*. Paris: Seuil, 2004. (Points Sagesses.) [Em português: *Exercícios espirituais*. São Paulo: Edições Loyola, 2000.]

⁶⁸ *Sabedoria* 3:1.

⁶⁹ PASCAL, Blaise. *Pensées*, fragmento 397 (Lafuma 418 – Brunschvicg 233). [Em português: *Pensamentos*. Tradução de Sérgio Milliet. São Paulo: Abril Cultural, 1984. p. 95. (Os Pensadores.)]

⁷⁰ THIBON. *L'Ignorance étoilée*, p. 53.

⁷¹ CIORAN. *De l'inconvénient d'être né*. Paris: Gallimard, 1983 [1973]. p. 117. (Idées.)

⁷² BOBIN. *Autoportrait au radiateur*, p. 30.

⁷³ BOBIN. *Autoportrait au radiateur*, p. 25.

⁷⁴ SERVAN-SCHREIBER, David. *On peut se dire au revoir plusieurs fois*. Paris: Robert Laffont, 2011. p. 156.

⁷⁵ ROSSET, Clément. *Le Monde et remèdes*. Paris: PUF, 2000 [1964]. p. 47.

⁷⁶ NIETZSCHE, Friedrich. *Le Livre du philosophe*. Paris: Aubier-Flammarion, 1969 [1873]. p. 173-183. [Em português: *O livro do filósofo*. São Paulo: Escala, 2013.]

⁷⁷ Guillaume Apollinaire, "À la Santé", na coletânea *Alcools* (1913). [Em português: *Álcoois*. Tradução de Mario Laranjeira. São Paulo: Hedra, 2013.]

Legados da desolação e da consolação

¹ Citado por Ruwen Ogien, em entrevista na *Philosophie Magazine*, n. 106, fév. 2017.

² NIETZSCHE, Friedrich. *Le Crépuscule des idoles*. Paris: Gallimard, 1988 [1888]. (Folio Essais.) [Em português: *Crepúsculo dos ídolos, ou como se filosofa com o martelo*. Tradução de Paulo César de Souza. São Paulo: Companhia das Letras, 2017.]

³ WEIL, Simone. *La Pesanteur et la grâce*. Paris: Plon, 1948. p. 95. [Em português: *O peso e a graça*. Tradução de Leda Cartum. Belo Horizonte: Chão da Feira, 2020.]

⁴ Citado por Julian Barnes em *L'Homme en rouge*, p. 79.

5 DUBY, Georges. *Guillaume le Maréchal, le meilleur chevalier du monde*. Paris: Fayard, 1984. [Em português: *Guilherme marechal, ou o melhor cavaleiro do mundo*. Tradução de Renato Janine Ribeiro. Rio de Janeiro: Graal, 1988.]

6 THIBON. *L'Illusion féconde*, p. 22.

7 Joseph Kessel, no prólogo ("L'Aïeul de tout le monde") do romance *Les Cavaliers* (Paris: Gallimard, 1967).

8 KABAT-ZINN, Jon. *L'Éveil de la société*. Paris: Les Arènes, 2020. p. 35.

9 Segundo minha crônica no programa *Grand Bien Vous Fasse*, na France Inter, em 6 de outubro de 2020.

10 CARRERE. *Yoga*, p. 233.

11 TAYLOR, Steve. Peut-on sortir renforcé(e) d'un trauma?. *Cerveau & Psycho*, n. 126, p. 47-49, nov. 2020. Ver também: DALGLEISH, Tim *et al*. The Herald of Free Enterprise Disaster: Lessons from the First Ten Years. *Behavior Modification*, v. 24, n. 5, p. 673-699, 2000.

12 LINLEY, Alex P.; JOSEPH, Stephen. Positive Change Following Trauma and Adversity: A Review. *Journal of Traumatic Stress*, v. 17, n. 1, p. 11-21, 2004.

13 CIORAN. *La Chute dans le temps*. Paris: Gallimard, 1964. p. 144-145.

14 Em *Les Faux-monnayeurs* (Paris: Gallimard, 1925). [Em português: *Os moedeiros falsos*. Tradução de Mário Laranjeira. São Paulo: Estação Liberdade, 2009.]

15 Citado por Didier Decoin na epígrafe de seu *Dictionnaire amoureux de la Bible* (Paris: Plon, 2009).

16 A frase é dita por Blanche DuBois, no fim do filme *Um bonde chamado desejo*. Ver também: QUIN. *La Nuit se lève*, p. 141.

17 Ver, para síntese: SHANKLAND, Rébecca. *Les Pouvoirs de la gratitude*. Paris: Odile Jacob, 2016.

18 Blog de Jacques Drillon, Les Petits Papiers, n. 1, "Les tentures noires de Romain Gary", 19 de abril de 2019.

19 HEURE, Gilles. *Album Kessel*. Paris: Gallimard, 2020. p. 224. (Albums de la Pléiade.)

20 Passagem inspirada numa crônica minha para a revista *Kaizen*, n. 33, verão de 2017.

21 *Anthologie de la poésie française*. Paris: Gallimard, 2000. t. I. (Bibliothèque de la Pléiade.) Poema "La belle vieille", p. 984.

22 ZOLA, Émile. *Germinal*. Paris: Le Livre de Poche, 2000 [1885]. Capítulo 5, p. 574. [Em português: *Germinal*. Tradução de Mario Pinheiro. São Paulo: Estação Liberdade, 2012.]

Este livro foi composto com tipografia Adobe Garamond Pro e impresso em papel Off-White 70g/m² na Formato Artes Gráficas.